# LEVE-ME AO SEU LÍDER!

## ARTICULAÇÕES ENTRE DIREITO E CULTURA POP

AGOSTINHO RAMALHO MARQUES NETO
BRUNO DE CARVALHO MOTEJUNAS
BRUNO TOMÉ FONSECA
ÉRICO RENATO SERRA CORDEIRO
JAMES MAGNO ARAÚJO FARIAS

# LEVE-ME AO SEU LÍDER!

## ARTICULAÇÕES ENTRE DIREITO E CULTURA POP

LTr®

EDITORA LTDA.


Rua Jaguaribe, 571
CEP 01224-003
São Paulo, SP — Brasil
Fone (11) 2167-1151
www.ltr.com.br
Dezembro, 2016

Produção Gráfica e Editoração Eletrônica: PIETRA DIAGRAMAÇÃO
Projeto de capa: FÁBIO GIGLIO
Impressão: GRÁFICA GRAPHIUM
Imagem da capa: Cartaz de "O dia em que a Terra parou". Filme dirigido por Robert Wise, 1951. Todos os direitos reservados à 20 th Century Fox.

Versão impressa — LTr 5682.3 — ISBN 978-85-361-9076-1
Versão digital — LTr 9062.3 — ISBN 978-85-361-9065-5

Dados Internacionais de Catalogação na Publicação (CIP)
(Câmara Brasileira do Livro, SP, Brasil)

---

Leve-me ao seu líder : articulações entre direito e cultura pop / Agostinho Ramalho Marques Neto... [*et al.*] . – São Paulo : LTr, 2016. Vários autores.

Bibliografia

1. Cultura 2. Cultura popular 3. Direito – Filosofia 4. Direito civil 5. Política culturalI. Marques Neto, Agostinho Ramalho. II. Motejunas, Bruno de Carvalho. III. Fonseca, Bruno Tomé. IV Cordeiro, Érico Renato Serra. V. Farias, James Magno Araújo.

16-09019 CDU-34

---

Índice para catálogo sistemático:

1. Direito civil 347

## Dedicatória

*para Luiz Alberto Warat*


## Agostinho Ramalho Marques Neto

Dedico meu texto à minha mulher Elisabeth, às minhas filhas Adriana, Allana e Adelana e aos meus netos Gabriel, Amanda, Larissa, Valentina e Júlia, e também a Juliana e Lícia.

Agradeço ao amigo Jacinto Nelson de Miranda Coutinho pelo incansável trabalho à frente do Núcleo de Direito e Psicanálise da UFPR, que tem viabilizado a publicação de tantos textos nessa articulação a partir de obras literárias.

## Bruno Motejunas

Agradeço à minha esposa Clicia e aos meus filhos Rafael e Maria Luisa, por todo o amor, paciência e compreensão. Vocês são meu porto seguro e o que tenho de mais valioso.

Agradeço ainda aos amigos James, Érico, Bruno Tomé e Agostinho, companheiros nesse audacioso projeto.

## Bruno Tomé

Meus agradecimentos permanentes a Deus, família e amigos.

Todo o meu amor a semeadora Layla e a semente Davi.

Meu agradecimento especial ao amigo James Magno por me convidar e me confiar a co-autoria de um projeto tão genuíno e de tamanho quilate.

## Érico Renato

Este trabalho é dedicado à minha família, matriz de tudo quanto sou e semeadouro de tudo quanto ainda serei. À minha mulher, Cláudia, e à nossa prole: Bárbara, Gabriel, João Guilherme, Davi, Beatriz, Clara (*in memoriam*) e Lucas. A meus pais, João e Edinólia, e meus irmãos, Elmo e Ecyla.

Gostaria de agradecer aos companheiros de jornada, pela inquietude, pelo desafio e pelo estímulo recíprocos: Agostinho Marques, Bruno Motejunas, Bruno Tomé e James Magno.

Faço um agradecimento especial ao meu compadre, amigo e irmão Celijon Ramos, pelas sugestões sempre muito oportunas.

Por fim, meu muito obrigado à equipe da Vara do Trabalho de Pinheiro/MA, pelo apoio, empenho e dedicação permanentes.

**James Magno**

Dedico meu texto à minha amada trupe: minha esposa Denise, minha mãe Joana e meus filhos Mariana, Renato, João Octávio e Gabriela. Vocês me emocionam e me inspiram todos os dias a sonhar por um mundo melhor!

Gostaria de registrar o enorme prazer de ter tido nessa jornada companheiros tão queridos como Agostinho Marques, Bruno Motejunas, Bruno Tomé e Érico Renato. Em breve estaremos juntos em nova aventura!

**Agradecimento coletivo**

Agradecemos o apoio imensurável dos amigos que permitiram o apoio cultural a este livro. Fazer cultura no Brasil não é tarefa simples. Editar um livro, menos ainda. Mas tivemos a ajuda de muitos amigos que permitiram que esse projeto virasse realidade. Agradeço de coração a George Henrique Souza, Fernando Barboza, Bruno Pires Castelo Branco, Larissa Abdalla, Bruno Duailibe, Marco Lara, André Rocha, José Ahirton, José Arteiro, Marcos Souza, Edilson Baldez, Simão Aznar, Carla Dolezel, Daniel Guerreiro, Kamilly Borsoi, Ticiany Gedeon e Gustavo Palácio. Essas linhas têm muito de vocês!

Agradecemos o apoio da Ergus, Suzano Papel e Celulose, Instituto Euvaldo Lodi e Instituto Universitário do Rio de Janeiro pelo apoio cultural. Agradecemos a prestigiada editora LTr, que desde o primeiro momento acreditou nesse projeto literário, nas pessoas do incansável e querido Armando Casimiro Costa Filho e de Aline Oliveira, a essa que é uma das maiores editoras da história e há décadas ajuda a formar gerações de juristas no Brasil!

Agradecemos a gentileza da professora Ana Paula Lemos Capellani, que prontamente atendeu o convite e fez uma minuciosa revisão dos textos.

Agradecemos o professor Eduardo Rabenhorst pelo belo prefácio do livro. Eduardo, com sua habitual elegância e brilhantismo, captou com exatidão a alma do livro.

***Play it loud*!**

# SUMÁRIO

# SUMÁRIO

# PREFÁCIO

Assim como no caso das plantas, é arriscado transladar ideias e práticas para longe de seu solo nativo, mas quando isso ocorre, e elas sobrevivem, novas espécies maravilhosas surgem. A sentença, que não é minha, mas de Freud, serve-me como mote para reivindicar o que se poderia chamar de "indisciplinaridade" no direito, ou seja, não a velha conhecida interdisciplinaridade, essa exitosa articulação de saberes, mas a indisciplina mesmo, a qual passa, no meu modo de ver, por um processo nem sempre muito bem-sucedido, porém necessário, de apropriação de elementos alheios ao mundo dos juristas para se pensar o direito como prática cultural em sentido amplo.

Claro, quem comete o delito da indisciplina, articulando conjuntos heteróclitos de objetos, métodos e conceitos, arrisca-se a produzir um saber extravagante, excêntrico, não reconhecido como legítimo por nenhum dos seus detentores. Em outras ocasiões, entretanto, pode vir a ocorrer um prodígio e algo especial surgir, como é o caso desse exercício de *deriva* disciplinar que o leitor tem aqui em mãos, em que produtos da cultura pop — filmes, séries, vídeos, jogos eletrônicos, *animes* e quadrinhos — servem de matriz para uma reflexão sobre temas que interessam ao direito.

Cultura pop é um conceito difícil de se definir, muito em razão da vagueza do termo "pop", que na língua inglesa pode ser, além de substantivo, também adjetivo e verbo. Afora o sentido de estampido (*to pop up*, estourar), "pop" significa tanto o que é popular, na acepção de relativo ao povo, quanto aquilo que se tornou popular, que se vulgarizou.

Do ponto de vista da historia da arte, a emergência da cultura pop tem a ver com o culto ao banal, iniciado quando o artista belga Marcel Duchamp adquiriu um mictório em porcelana e decidiu enviá-lo a uma galeria para exposição. Esse gesto de utilização de um objeto ordinário, produzido em série e destinado à vida cotidiana inaugurou a arte moderna. Com efeito, o mictório de Duchamp, enquanto mictório, era somente a réplica de tantos outros. Transportado para uma galeria de arte, ainda que compartilhando das mesmas características materiais dos tantos outros mictórios similares, o objeto reivindicava singularidade e transfiguração em obra de arte. E foi assim que mais tarde surgiu a *pop art*, essa arte destinada ao grande público e ao mercado, caracterizada pela apropriação de elementos do dia a dia por meio de técnicas como a colagem e os *samples*.

O ponto de partida deste livro, que honrosamente aceitei prefaciar, é a ideia de que o direito, enquanto produto cultural, faz parte dessa cultura pop, e avaliando-o desse modo não se está a pensar que o direito é apenas uma manifestação da cultura de um povo. Trata-se, na verdade, de assumir que o direito, antes de ser uma prática, é também crença e imaginação, como diria o jurista norte-americano Paul Kahn, pioneiro dos estudos culturais sobre o direito.

É enquanto produto cultural que o direito faz parte do imaginário da vida das pessoas. Do contrário, como explicar que uma rápida busca por imagens na internet, a partir de um motor de pesquisa com a palavra-chave "direito", traga tantas figuras de um malhete, esse pequeno martelo de madeira usado por leiloeiros e maçons. De fato, ainda que malhetes não sejam empregados nas sessões judiciárias de nosso país, as pessoas associam o martelinho ao direito, e o fazem certamente por influência de produtos da cultura pop.

A cultura pop é para todo mundo, declarou Andy Warhol em 1967. Até mesmo para o direito e seus profissionais mais balizados, entendem os autores deste livro, que são em sua maioria magistrados, isto é, intérpretes e aplicadores da lei, e cuja legitimidade, portanto, não pode ser questionada quanto ao trato do assunto. Por isso, ao empreenderem a iniciativa de examinar temas que interessam ao campo jurídico a partir de referências da cultura de massa, os autores desse livro não só produzem uma imagem diferente do direito, alinhada à cultura pop, mas acabam, do mesmo modo, por oferecer uma outra imagem deles mesmos e dos próprios juristas, bem diferente daquela que o grande público tem, e que curiosamente pouco tem a ver com a imagem que os juristas fazem de si mesmos.

Os juristas de nosso tempo não são necessariamente consumidores de "alta cultura", ao menos não em tempo integral, mas como quaisquer outros sujeitos submetidos à força da indústria cultural, compartilham da exaltação contemporânea do banal: consomem arte efêmera, usam redes sociais, postam vídeos no *You Tube* e se comovem com séries e *blockbusters.*

Não apenas os juristas enquanto indivíduos fazem parte da cultura de massa. As instituições jurídicas também se rendem aos meios da tecnologia digital com o propósito de se tornarem mais transparentes. O Supremo Tribunal Federal, por exemplo, que já transmitia suas sessões ao vivo via TV Justiça, passou a difundir seus julgamentos por meio do *You Tube*, algo inédito no mundo. Ora, haveria algum problema nisso? Claro que não. Há apenas risco. Ao se tornar pop, o direito ganha em popularidade, a ponto de fazer com que categorias jurídicas passem a ser discutidas pelo grande público leigo, como aconteceu recentemente com a Ação Penal 470, mas, simultaneamente, assume o risco de se tornar excessivamente visível, de encarnar o espetáculo, no sentido debordiano do termo, sem nem por isso vir a se tornar efetivamente mais democrático ou transparente. É que o pop, se posso me permitir uma ironia, nem de longe é uma democracia. É no máximo, como diz R. Meméteau, uma monarquia com reis e rainhas que não foram escolhidos pelo voto popular, mas apenas em decorrência dos milhões de cópias vendidas.

Discutir a popularização do direito e de suas instituições não é, nem de longe, o foco deste livro. Seu propósito, como sublinham os autores na nota inicial, é muito mais o de compartilhar algumas reflexões sobre temas jurídicos ou que interessam ao direito, elaboradas a partir do convívio com elementos da cultura de massa. Assim, no primeiro texto desta coletânea, Bruno Motejunas analisa experiências éticas no espaço virtual (limites para o uso do conhecimento científico, escolhas trágicas, heroísmo, humor politicamente incorreto etc.), proporcionadas pela prática de jogos eletrônicos tais como *Bioshock*, *Heavy Rain* e *The Walking Dead*, entre outros, ambientes com alto grau de violência, que permitem aos jogadores, na sua grande maioria jovens e adolescentes, a vivência de uma réplica simbólica da realidade.

Em *Distopia, ficção e cinema*, James Magno Farias examina aspectos do conceito de Estado de direito a partir de ficções distópicas presentes em filmes como *Fahrenheit 451*, *1984*, *Star Trek* e mais recentemente *A Onda*. Etimologicamente, o termo distopia designa um lugar nefasto, contrariamente a seu predecessor, utopia, que assinala um lugar inexistente, sonhado como possibilidade. Face à promessa nunca cumprida de realização de um pleno Estado de direito, as ficções distópicas produzidas pelo cinema são sátiras que denunciam os perigos sombrios do Estado de exceção, do totalitarismo político, da vigilância contínua e da manipulação.

O terceiro capítulo, de autoria de Agostinho Ramalho Marques Neto, retoma uma conferência por ele pronunciada sobre as intercessões entre o direito e a psicanálise, a partir de uma interpretação muito fecunda de *Laranja mecânica*, romance de Antony Burgess, transformado em filme por Stanley Kubrick. Retomando o trocadilho que o autor britânico faz com o nome do personagem central da trama, Alex, que evoca tanto a figura de Alexandre, o conquistador macedônio, como a lei em latim, Lex, Agostinho Ramalho Marques Neto explora questões éticas e de filosofia do direito que circundam em particular o tema do mal-radical: natureza humana, livre arbítrio, violência e política criminal, entre outras.

Em *Estado, poder e sociedade: um passeio pelos telhados de Gotham City*, Érico Renato Serra Cordeiro discorre sobre Batman, esse personagem nada monolítico que atua no combate à criminalidade de modo "conservador", a partir de valores que reforçam o imaginário liberal norte-americano. Batman é um personagem denso, melancólico, gótico, como já anuncia o nome da cidade em que ele atua. Contudo, suas ações voluntaristas contra a criminalidade seriam um anátema do modelo garantista de justiça.

O último texto da coletânea, da lavra de Bruno Tomé Fonseca, estabelece uma comparação entre o direito e o cinema de massa, especialmente no que tange ao público e sua audiência. A prestação jurisdicional, pergunta o autor, deveria ser uma performance voltada para a mídia e o público? Sua resposta é negativa. Embora todo poder seja inevitavelmente teatral, performático, e como tal, encarnar o espetáculo, é um risco enorme para o direito se deixar colonizar pela audiência. No entender do autor, está em curso um novo e arriscado conceito de publicidade que aproxima em demasia os profissionais do direito, especialmente os magistrados, da opinião pública, que muitas vezes não é outra coisa senão a opinião do "público".

Gostaria de concluir este prefácio com um *plaidoyer* em favor da leitura de *Leve-me ao seu líder*. O diálogo que os autores estabelecem entre o direito e a cultura é muito estimulante e pode ser usado em sala de aula como ferramenta para tornar mais acessível a discussão sobre temas complexos. Por óbvio, a opção por um caminho não canônico de ensino do direito obriga os professores e alunos a trabalharem com um objeto fluído e por isso mesmo turbulento. Mas haveria outro caminho? De acordo com a feliz metáfora proposta por Mireille Delmas-Marty, o direito em nossos dias já não é uma pirâmide, imagem ainda tão presente nos livros de introdução aos estudos jurídicos, mas é nuvem, movediça e dinâmica, em forma e conteúdo.O jurista precisa deixar de se ver como um arquiteto e passar a se considerar como um navegador. De minha parte acrescentaria: e aprender a flutuar nas nuvens...

Aix-en-Provence, Outubro de 2016.

**Eduardo Rabenhorst**
Professor Titular de Filosofia do Direito da UFPB

# NOTA DOS AUTORES

E ali estávamos. Quatro amigos de longa data, reunidos para colocar o papo em dia. A conversa, tão deliciosa quanto os bolinhos de cuxá que comíamos com avidez, dançava fluida e descontraída. Passávamos de um assunto a outro, com a leveza de uma sexta-feira tipicamente maranhense. O cheiro da praia, trazido pela brisa, e a claridade morna do início da tarde funcionavam como uma luxuosa moldura para assuntos que se afiguravam tão imprescindivelmente importantes.

Sobre a mesa, os pratos iam e vinham, numa romaria gastronômica. Mas não era apenas a comida que nos instigava. Degustávamos o novo filme do Tarantino, a última turnê dos Stones, a reedição da obra de Manoel de Barros, as idiossincrasias de Frank Miller, as estratégias para vencer as batalhas no jogo Call of Duty, as mensagens cifradas das letras de Lennon e McCartney...

Foi quando sacamos que esse papo podia dar samba. Ou melhor, rock. Por que não escrevermos sobre aqueles assuntos? Tão logo foi lançada a ideia, nós a incorporamos, imediata e entusiasticamente. Assim, decidimos escrever sobre os possíveis pontos de tangência entre o direito e a cultura pop! Os temas foram surgindo rapidamente, em um processo coletivo de criação, recheado de insights e referências às experiências de cada um. Até o final do almoço, cada um já havia escolhido o tema que lhe parecia mais desafiador e estimulante. O livro nascia em nossas cabeças, em uma velocidade e urgência típicas de nossa era digital. Faltava agora dar forma concreta e aparar as arestas daquela idéia bruta. Tal qual a gênese de uma estátua de Michelangelo, aquele enorme bloco de mármore precisava ganhar vida, sair da mente para o mundo.

É possível que os deuses do pop tenham resolvido nos dar uma mãozinha! Frases do universo popular singravam por nossas memórias afetivas e davam coesão a algo que era pouco mais que uma breve intuição. Krig-ha-bandolo! POW! SOC! Shazzam! I'll be back! Cowabunga! Winter is coming! Bazzinga! Klaatu barada nicto! Que a Força esteja com você! Vida longa e próspera! Santa discussão, Batman!

Após algumas semanas de discussões whatsappianas, conseguimos delimitar ainda mais os temas. Depois, definimos a abordagem que daríamos às pautas escolhidas, o que foi feito de uma maneira muito livre e aberta. Por fim, numa tacada de mestre de James, soubemos que o querido Agostinho Marques iria embarcar conosco nessa aventura. A tripulação da Enterprise estava completa!

Em pouco mais de três meses, Spock teorizava a respeito da racionalidade humana com Hans Kelsen; Ronald Dworkin tentava convencer Wolverine a aderir à macrobiótica; a Tenente Uhura andava de mãos dadas com Norberto Bobbio; Stan Lee tomava cerveja com Luiz Alberto Warat; Hannah Arendt jogava WAR com

Stanley Kubrick; e o Super-Mario passeava à meia noite pelas ruas woodyallianas de Paris à procura da Princesa Cogumelo. O sisudo universo do Direito se dava ao direito de confraternizar com o encanto lúdico da cultura pop.

O primeiro texto analisa o romance "Laranja Mecânica", de Anthony Burgess, que põe em cena formas de violência que são expressões agudas da multiforme agressividade humana. O trabalho de Agostinho Ramalho procura elaborar essa questão a partir de reflexões próprias combinadas com alguns aspectos do pensamento de Hobbes, Freud, Orwell, Sade e Lacan.

Bruno Motejunas escreveu sobre as "As narrativas digitais do século XXI: uma breve análise do impacto das redes sociais e dos jogos eletrônicos na ética e na cultura da sociedade contemporânea". No texto, ele aborda os efeitos dos avanços tecnológicos dos meios de comunicação na forma como interagimos, seja por meio dos (agora sempre presentes) smartphones ou pela prática, cada vez mais difundida, dos jogos eletrônicos. Desafia os preconceitos atrelados ao tema e discute a relevância dos games como formas de expressão e manifestação cultural, desde o final do século passado, mas principalmente no século XXI, uma era radicalmente digital e (inter) conectada. Convida o leitor a refletir sobre esse fenômeno mundial e o contexto atual de interações cada vez mais efêmeras e "mercantilizadas".

Bruno Tomé Fonseca propõe dialogar com os pensamentos de Kubrick, Hitchcock, Scorsese, dentre outros gênios da sétima arte, como uma forma de ver o direito a partir de um dimensionamento artístico. Busca, com isso, operar com relação ao direito a chamada "suspensão da descrença", a exemplo do que ocorre com outras formas de arte.

Érico Cordeiro, em "Estado, poder e sociedade: um passeio pelos telhados e subterrâneos de Gotham City", se debruçou sobre o universo de um dos mais fascinantes e populares ícones da cultura pop, o Batman. A atuação do Homem Morcego é analisada a partir da sedução autoritária do seu discurso, segundo o qual a violência urbana somente pode ser combatida, de modo eficaz, com o uso de mais violência.

James Magno escreveu sobre "Distopia, ficção e cinema: sobre direito e não-direito". Foi feita uma análise diáfana dos pontos que separam a distopia e a democracia, com uma explanação sobre autoritarismo, totalitarismo e liberdade. Algumas obras literárias e películas que tratam do tema foram trazidas à discussão, como "1984", "A revolução dos bichos", "Fahrenheit 451", "Juiz Dredd", "Star Trek", "A onda" e "O homem do castelo alto".

O desejo dos autores é apenas o de tentar olhar o Direito por uma perspectiva diferente, talvez menos formal do que normalmente é tratado. Não obstante, o rigor com que os textos foram tratados permite-nos inferir que as discussões aqui propostas encontrarão solo fecundo para aflorar, pois a dialética é da natureza do Direito.

Afinal de contas, com grandes poderes vêm sempre grandes responsabilidades.

Os autores.

# AS NARRATIVAS DIGITAIS DO SÉCULO XXI: UMA BREVE ANÁLISE DO IMPACTO DAS REDES SOCIAIS E DOS JOGOS ELETRÔNICOS NA ÉTICA E NA CULTURA DA SOCIEDADE CONTEMPORÂNEA

***Bruno de Carvalho Motejunas***[1]

*As coisas em si mesmas não são boas nem más; é o pensamento que as torna desse ou daquele jeito. (William Shakespeare)*

*Quando se apresenta à cultura científica, o espírito jamais é jovem. É inclusive muito velho, porque tem a idade de seus preconceitos. (Gaston Bachelard, Epistemologia)*

## 1. Introdução

O alvorecer deste novo século, já marcado por tantas transformações na política, cultura, economia e ciência, também trouxe mudanças na forma como nos relacionamos? Os últimos 20 ou 30 anos tiveram algum impacto significativo em nossos hábitos, na maneira como vemos o outro e a nós mesmos?

Nas palavras do sociólogo polonês Zygmunt Bauman, vivemos em uma sociedade de consumidores que se caracteriza justamente pela confusão entre sujeito e objeto. Somos, ao mesmo tempo, consumidores e mercadorias, em um ambiente que estimula a "comoditização" das pessoas. Nesse processo passamos a fazer o "marketing de nós mesmos", vendendo imagens, idéias e promessas, ansiosos por despertar o "desejo de consumo".

Porém, as vitrines desse comércio não estão nas ruas. São as vias digitais que usamos agora para ver e sermos vistos. Nelas expomos nossa intimidade, devassamos nossos desejos, contamos histórias reais ou imaginárias. Construímos narrativas para que os outros nos conheçam e/ou nos idealizem.

Esse fenômeno é um dos frutos da sociedade "conectada" em que vivemos, com uma comunicação instantânea e móvel. Suas implicações, portanto, são difíceis de analisar a partir dos modelos sociais e padrões de conduta vigentes até o final do século passado. Há uma mudança de paradigma, principalmente quanto à forma e velocidade das comunicações e interações entre indivíduos.

---

(1) Juiz do Trabalho Titular do Tribunal Regional do Trabalho do Maranhão (TRT da 16ª Região), Especialista em Direito do Trabalho e Processo do Trabalho pelo UNICEUMA, professor da Escola Judicial do TRT da 16ª Região, autor de artigos científicos e contos.

Por outro lado, há questões antigas, como os aspectos éticos relacionados a essas interações, bem como as consequências individuais e coletivas desse processo de mercantilização, que afeta a identidade e a liberdade.

De fato, é uma sociedade cada vez mais "plugada", em que a vida social se transforma em vida eletrônica ou "cibervida". Ao mesmo tempo, ela também assume um caráter confessional, eliminando a fronteira que antes separava o privado e o público. Nesse contexto, como observa Zygmunt Bauman(2), ninguém pode se tornar sujeito sem primeiro virar mercadoria.

Os avanços tecnológicos, em especial a partir do último quarto do século passado, tiveram papel fundamental para definir os contornos dessa nova era, que não por acaso têm como um de seus adjetivos o termo "digital". É justamente a partir das possibilidades criadas pela tecnologia que estão sendo formadas as novas dinâmicas sociais. No entanto, trata-se de um processo em andamento, cuja velocidade surpreende e torna difícil prever os desdobramentos futuros.

Por outro lado, a experiência até aqui acumulada, apesar de não permitir respostas "acabadas" sobre os fenômenos vivenciados, é suficiente para tirar algumas conclusões, ainda que "precárias".

Porém, antes disso ainda é necessário indagar: a tecnologia e as possibilidades que ela nos apresenta neste início de século XXI alteraram a forma como nos relacionamos? Os limites éticos do século passado ainda se aplicam a essa sociedade digital de "cidadãos-consumidores"? Estamos convivendo melhor com o outro em um "mundo conectado"? Se as redes sociais se tornaram vitrines digitais, é possível relacionar-se nesses espaços sem se tornar uma mercadoria?

Algumas dessas questões, em relação aos seus aspectos fundamentais, estão na própria gênese da filosofia na Antiga Grécia ou são objeto de discussão há séculos. Liberdade, ética, moral e identidade são idéias essenciais e valiosas ao pensamento ocidental. No entanto, outros conceitos são "novidades" de nossa época.

Resultado de uma modernidade amadurecida e das constantes revoluções tecnológicas ocorridas nos últimos 100 anos, vivemos uma época de mudanças cada vez mais rápidas, ditadas por uma sociedade ansiosa por elas. Esse ritmo de transformações aceleradas é perceptível (pelo menos) desde a última década do século passado. Não por acaso, naquele período (final dos anos 1980, início dos anos 1990) começou a ganhar a idéia (hoje cada vez mais consolidada) de que vivemos em um mundo "pós-moderno", no qual as relações humanas, sociais, econômicas e políticas estão em constante e radical mudança.

---

(2) BAUMAN, Zygmunt, *Vida para consumo*: a transformação das pessoas em mercadorias/ Zygmunt Bauman; tradução Carlos Alberto Medeiros. Rio de Janeiro: Jorge Zahar Ed., 2008.

Marshall Berman já tratava desse tema na década de 1980. No livro **"Tudo que é sólido desmancha no ar: a aventura da modernidade"**, ele apontava para uma realidade em que os conceitos construídos ao longo dos últimos séculos estavam sendo postos em xeque. Um "**admirável mundo novo**", para utilizar a expressão de **Aldous Huxley**, marcado pela redefinição de paradigmas, ideologias, papéis e expectativas sociais. Um caminho a seguir que não parecia ainda muito claro, mas inevitável.

As últimas décadas do século XX foram marcadas pela discussão do que viria em seguida. Um mundo além dos conceitos tradicionais de Estado, sociedade, nação, cultura e mercado da modernidade, pronto para desafiar os paradigmas vigentes em troca de novos rumos, cujos limites ainda não estavam bem claros. Não por acaso, cunhou-se o termo "pós-modernidade", que muito dizia sobre de onde se partia, mas pouco sobre para onde se estava/está indo. Era relativamente fácil definir a modernidade. Afinal, sua conceituação era o resultado de pelo menos dois séculos de reflexões e experimentos sociais. Porém, o que viria depois? O que estava por trás do "pós"?

Os primeiros anos do novo século trouxeram algumas respostas, mas outras tantas indagações. A reestruturação das relações políticas e econômicas está ocorrendo diante dos nossos olhos, com alguns já claros resultados. A globalização, vista como um fato consumado, representada pelas movimentações globais das finanças e dos meios de produção, bem como o deslocamento de mercadorias e pessoas. Contudo, outros elementos foram somados à equação social. Elementos que eram de difícil visualização e/ou compreensão no apagar das luzes do século XX.

Um dos fatores decisivos para essas transformações vertiginosas foi o salto tecnológico experimentado nos últimos 30 anos, atingindo não apenas governos e grandes empresas, mas virtualmente todas as pessoas do mundo. Contudo, seria simplista resumir as mudanças que o mundo e os indivíduos vem passando pela simples revolução tecnológica. Os avanços científicos, sem sombra de dúvida, têm um papel fundamental nas novas formas de comunicação, interação e decisão de nossa sociedade. Contudo, eles são meros catalisadores, capazes de produzir ou acelerar outros fenômenos sociais.

A internet, os aparelhos celulares com múltiplas funções, as redes sociais e os canais de comunicação como o ***YouTube***, o ***Facebook*** e o ***Instagram*** são ferramentas de um novo tempo, colocadas à disposição de uma população cada vez mais interessada em conhecer e se expressar.

Trocas de mensagens em tempo real em qualquer lugar do mundo, denúncias de crimes de guerra pelas redes sociais, escândalos financeiros revelados por meio de vazamentos de informações confidenciais por vias eletrônicas e pela internet (a exemplo do site https://**wikileaks**.org). Esse é o tempo que vivemos, em que somos inundados por um enorme volume de informação, por diferentes meios de comunicação, em qualquer lugar, a qualquer hora, todos os dias.

O desafio, ao contrário de outros tempos em que o acesso à informação era difícil e até mesmo vigiado, é filtrar as informações disponíveis, não apenas por assunto, mas pelo nível de credibilidade da fonte. Ferramentas de busca como o **Google** são hoje tão importantes como os sites de informação que elas recomendam e/ou ajudam a encontrar, justamente por servirem como um primeiro filtro para o usuário que busca um tipo específico de informação, de uma fonte confiável e que atenda às suas expectativas.

Na obra "**O nome da rosa**" de Umberto Eco a trama girava em torno da raridade do conhecimento e de quem teria direito a usá-lo. Muitos morreram em nome da crença de que o saber devia ser preservado para poucos e escolhidos. Hoje a realidade é muito diversa. Aqueles que buscam algum conhecimento devem, em primeiro lugar, ser capazes de escolher entre um sem número de fontes de informação, todas acessíveis instantaneamente por meio da internet.

Paradoxalmente a essa "democratização do saber", o direito ao isolamento, a ser "anônimo", parece algo difícil de alcançar. Em uma época de superexposição, discute-se cada vez mais a idéia de que as pessoas tem direito a serem "esquecidas", ainda que os meios virtuais insistam em manter registros sem prazo de validade. O "**direito ao esquecimento**" é um conceito essencialmente do século XXI, nascido e atrelado ao mundo em que vivemos. Da mesma forma, o "**direito à desconexão**", a se manter desligado, ainda que por certo tempo, de todos os canais de comunicação e interação que escolhemos (ou não) participar, não seria compreensível 20 anos atrás.

Assim, saímos rapidamente de uma fase em que a busca era pela "conexão", por estar "on line", para outra em que cada vez mais se percebe um desconforto com os excessos desse constante compartilhamento de vidas, histórias e experiências. Como toda fase transitória, ainda é difícil traçar os limites do idealizado para o desejado. Nesse caminho, proliferam exemplos de conflitos e dilemas envolvendo justamente essa comunicação irrestrita e sem filtros proporcionada pela tecnologia e as redes sociais.

Esse novo paradigma social tem um aspecto fundamental, que ajuda a compreender a dimensão dos desafios que temos pela frente. Na sociedade de consumidores, conforme alerta Bauman[(3)], a superficialidade das aparências ganhou um relevo sem precedentes.

Porém, paradoxalmente, há um risco de "perenidade" nas imagens que construímos no meio social. A transmissão quase instantânea da informação, que ao deixar o emissor passa a estar em "todo e qualquer lugar", torna praticamente impossível "apagar os rastros". Se o culto da aparência traz em si uma idéia de superficialidade, a forma como atualmente a imagem se dissemina e é armazenada pode torná-la "indelével", ao ponto de substituir outras fontes de informação e passar a ser a referência que os outros terão sobre determinada pessoa ou assunto.

---

(3) BAUMAN, Zygmunt, *Vida para consumo: a transformação das pessoas em mercadorias/* Zygmunt Bauman; tradução Carlos Alberto Medeiros. Rio de Janeiro: Jorge Zahar, 2008.

Nesse sentido, as ferramentas tecnológicas e as redes sociais abriram uma "**via de mão dupla**" para todas as pessoas dispostas a utilizá-las. Se a história humana até o século XX era marcada por uma separação muito nítida entre aqueles que produziam a informação (poucos) e os que a "recebiam" (o restante, ou melhor, a pequena parte da população que tinha acesso a essa informação), o novo milênio trouxe a era da **informação fragmentada**. Os meios de comunicação, aliados à popularização de aparelhos celulares multifuncionais ("smartphones"), permitiram a inversão da lógica de produção de conteúdo e narrativas existentes até então.

Em resumo, toda pessoa com um celular e acesso à internet pode se tornar uma produtora de conteúdo, de **narrativas digitais**, acessíveis potencialmente ao restante da população mundial, com todas as repercussões daí decorrentes.

Assim foi com a **Primavera Árabe,** que se iniciou no final de 2010 e atingiu vários países do Oriente Médio. Na época, as redes sociais desempenharam um papel fundamental, suprindo o resto do mundo de notícias próximas aos acontecimentos, enviadas por manifestantes e espectadores oculares e, portanto, mais "verossímeis" do que aquelas que os regimes de opressão transmitiam pelos "canais oficiais".

Nesse contexto, a chamada cultura pop passou por mudanças igualmente drásticas, tanto na celeridade, como nas formas de interação. Os jogos eletrônicos, para citar um exemplo, passaram por uma evolução gigantesca, deixando de ser simples meios de entretenimento infantil, para produtos de consumo em massa, cujos lançamentos rivalizam com as maiores produções cinematográficas.

Não poderia ser diferente. Em uma era de intensa interação social pelos meios eletrônicos, os "games" são uma das expressões mais sofisticadas de comunicação oferecidas pela tecnologia atual. A evolução dos componentes de computador e consoles domésticos permitiu a criação de mundos virtuais interativos cada vez mais elaborados, nos quais os jogadores têm a possibilidade de vivenciar os desafios imaginados pelos desenvolvedores, mas também construir suas próprias narrativas, dialogando com outros "gamers" das mais diferentes partes do mundo. O acesso à internet de alta velocidade ("banda larga") criou os meios para esse contato instantâneo. Assim como outras formas de comunicação desenvolvidas e/ou aprimoradas na alvorada do século XXI, esse é um caminho de mão dupla, em que os telespectadores são estimulados a serem também produtores de informação. Sob outra perspectiva, os consumidores desses produtos também passam a ser, ainda que sem perceber, objetos de consumo.

E a partir dessa constatação, surgem outras indagações. O meio eletrônico (ou virtual) também está vinculado aos valores éticos do "mundo real"? As relações que nele ocorrem podem adotar uma dimensão mais "libertária", desgarrada dos limites éticos do "mundo real", já que os atos praticados nesse "mundo digital" não têm consequências físicas imediatas (ao menos, para quem os pratica)?

A imagem de um mundo com valores "líquidos", como exposto por Bauman, surge imediatamente como resposta a essas indagações. A força do argumento do sociólogo polonês reside justamente na **auto-evidência** de suas afirmações. É difícil contestar que estamos em uma era extremamente consumista, cujos objetos de desejos passam a ser também as próprias pessoas.

O consumo da imagem, do que se aparenta ser e/ou ter, do que se deseja ser e/ou ter, não é uma criação do século XXI. Afinal, a história é marcada por imagens de ídolos, heróis e padrões de vida idealizados.

Porém, o que é, inegavelmente, uma novidade no século que desponta, é a pulverização dessas expectativas por um número cada vez maior de indivíduos, bem como a forma e intensidade como elas se manifestam. Como já dito, a tecnologia e o acesso cada vez mais amplo e fácil à rede mundial de computadores rompeu barreiras de comunicação e interação. Muito se vê e se expõe. A internet é hoje a vitrine do mundo e todos nós temos a tendência de olhar essa vitrine e nela nos exibir, em maior ou menor medida. Mais que isso, somos estimulados a nos expor aos demais como mercadorias de consumo e desejo. Com isso, são colocados em xeque os conceitos éticos da modernidade. Se todos somos mercadorias em potencial, como lidar com o outro, o que esperar dele?

A mesma tendência se observa no mundo eletrônico de entretenimento. Por meio dos jogos, as pessoas se deslocam da realidade e projetam uma imagem perante os outros jogadores. Tais jogos servem como plataformas de experiência para os questionamentos que são feitos diante desse novo paradigma social. Não por acaso muitos deles colocam seus jogadores em papéis socialmente reprováveis no "mundo real", mas permitidos no virtual, justamente pela falta de consequências.

Por outro lado, não é de hoje que as pessoas usam os jogos como forma de passar o tempo, deslocando-se do seu "eu real" para uma fantasia construída, ainda que momentaneamente, para o simples entretenimento. A adoção de papéis "reprováveis" também não é novidade. As brincadeiras infantis em que as crianças assumem os papéis de policiais e bandidos, de soldados em plena guerra, de heróis e vilões, são outros exemplos dessas abstrações.

Mas há algo novo. Os avanços tecnológicos, aliados a um amadurecimento dessa forma de expressão, tem permitido a criação de narrativas cada vez mais complexas e provocadoras, levando alguns criadores a abordar dilemas éticos antigos e novos.

Por um lado, os jogos eletrônicos ainda são meios de simples diversão, atribuindo aos jogadores o papel de herói ou vilão, guerreiro ou cavaleiro. Contudo, cada vez mais essas narrativas são usadas para questionar os limites éticos que estamos enfrentamos desde o final do século passado. Mundos apocalípticos em que a sobrevivência é colocada como um teste moral; sociedades destruídas pela busca de poder sem respeito pela dignidade humana; o destino de crianças inocentes em meio à guerra civil; o dilema moral de um pai que tenta salvar o filho. Esses são alguns temas abordados nos jogos contemporâneos e que muito dizem sobre o mundo em que vivemos.

Ainda sobre o crescimento e a influência dos jogos eletrônicos na cultura contemporânea, uma pesquisa publicada em **abril de 2016** nos EUA traz dados surpreendentes.

Intitulado "***Essential Facts About the Computer and Video Game Industry – 2016***", esse estudo é encomendado anualmente pela associação americana "***Entertainment Software Association (ESA)***" e está disponível no endereço eletrônico **http://essentialfacts.theesa.com**.

Tendo entrevistado pessoas em mais de 4.000 residências, essa pesquisa é uma das mais profundas e extensivas radiografias sobre o impacto que os jogos eletrônicos tem no dia a dia das famílias americanas.

Entre os dados consolidados, consta que cerca de 63% das casas americanas tem pelo menos um jogador "habitual" de videogames. Além disso, 65% dos lares americanos possuem um aparelho destinado a jogar videogames (computador, console "dedicado", "tablet", "smartphones" etc.). Já um pouco menos da metade das casas (48%) possui um aparelho cuja finalidade **exclusiva** é jogar videogames (os chamados "consoles", como o Playstation e o Xbox).

Outra informação relevante é que entre esses milhões de jogadores, aproximadamente 54% participam de jogos em que há interação com outras pessoas, entre os quais se incluem amigos, membros da família, pais e companheiros. Essa interação pode ser tanto pessoalmente (no mesmo espaço físico), como pela internet (*on line*).

Metade desse jogadores (51%) participam dos chamados jogos "multiplayer" (*on line*) **pelo menos uma vez por semana**. Um percentual um pouco maior (53%), acredita que jogar videogames os ajuda a se "***conectar com seus amigos***". Já 42% dos jogadores habituais sentem que a interação proporcionada pelos videogames os ajuda a passar mais tempo com a família.

Um outro dado importante diz respeito a faixa etária e ao gênero dos jogadores. Contrariando a idéia muito difundida de que jogos eletrônicos fazem parte dos hábitos, principalmente, de crianças e jovens do sexo masculino (o estereótipo de que se trata de uma atividade "de garoto"), constatou-se que a faixa etária média dos "gamers" americanos é de 35 anos de idade. Dentro desse universo, apenas 27% dos jogadores estão abaixo dos 18 anos, 29% entre 18 e 35 anos, 18% entre 36 e 49 anos e impressionantes 26% acima dos 50 anos! A distribuição segundo o gênero é ainda mais reveladora, também contribuindo para a quebra desse estereótipo. Entre os jogadores, 59% são homens e 41% são mulheres. É curioso ainda notar que tomando como referência apenas as mulheres, a faixa etária média aumenta, atingindo 44 anos de idade.

Os dados acima, que refletem o profundo impacto dos jogos eletrônicos na sociedade americana, reforçam a idéia de que a análise desse fenômeno cultural e sua influência nas demais manifestações sociais é essencial para compreender os desafios e conflitos de nossa sociedade "pós-moderna", agitada, conectada e digital.

## 2. Qual é a ética do Século XXI?

Os sofistas na Grécia Antiga diziam que o homem é a medida de todas as coisas. Eles acreditavam que o homem era o começo e o fim de qualquer tentativa de inteligibilidade do real. Ele era, em última instância, aquele que quer compreender e o que deve ser compreendido, sujeito e objeto do conhecimento.

Porém, segundo Umberto Eco[(4)], "*a dimensão ética começa quando entra em cena o outro*", partindo de uma idéia, subjetiva e anterior, de alteridade. Nesse contexto, ética é entendida como um conjunto de valores e princípios que irão orientar nossas ações, formar nossos discursos e estabelecer "compatibilizações de interesses" através dos nossos elos sociais com as outras pessoas.

Como lembra Marilena Chauí[(5)], não há ética para consigo mesmo. A ética, portanto, pressupõe uma relação entre "iguais", igualdade essa entendida como a identificação recíproca do eu-outro entre as partes da relação, onde as mesmas se reconhecem e se respeitam enquanto semelhantes. Será a construção dessa definição de "igualdade subjetiva" o real parâmetro, não só de nosso referencial axiológico, mas do universo de sua aplicação dentro da sociedade.

A partir dessa premissa, não é a igualdade formal proposta pelo Direito que irá nos colocar limites e regras de conduta éticas. A coerção positivada e institucionalizada, que deriva do desrespeito à lei, pode até coibir ou ordenar condutas, mas nunca conseguirá abranger todos os casos de infrações.

Proposta diferente tem a ética, que funciona voltada para a incerteza e para as particularidades (elementos impensáveis em um discurso jurídico tradicional!). A ética, dessa forma, não pode ser codificada e/ou imposta por meio de normas de conduta com punições severas, mas sim derivar da conscientização do indivíduo, a partir de uma reflexão. Conscientizar implica em uma aceitação interior e pessoal de cada um. A violência pura e simples não pode ser ética, já que não dá alternativas e, quando as fornece, não proporciona reais condições de escolha.

---

(4) ECO, Umberto. *Cinco escritos morais*. Trad: Eliana Aguiar. 2ed. Rio de Janeiro: Record, 1998. p. 95.

(5) CHAUÍ, Marilena de Sousa. *Cultura e democracia*: o discurso competente e outras falas. 7. ed. São Paulo: Cortez, 1997. (Biblioteca da educação. Série 6. Filosofia; v.2). p. 25-26.

O chamado pensamento grego clássico via o homem como, essencialmente, consciente de seus atos e racional em suas decisões. Afirmava que o mesmo devia ser estudado a partir dessa premissa, pois era essa a natureza humana. Os pressupostos racionais deveriam prevalecer sobre as emoções e guiar os homens nas suas decisões.

Durante o curso da história ocidental teremos a supervalorização do pensamento racional e, como conseqüência, a crença que toda compreensão ou transformação deveria ser feita por meio desse caminho, pois, "*sendo o corpo subordinado à alma, e possuindo esta uma hierarquia de potencialidades submetidas à razão, segue-se que a essência do homem consiste na sua parte mais elevada: o intelecto*"(6).

Assim, o caminho para a virtude do homem estaria em subordinar as paixões à razão. Já para Aristóteles "*a finalidade última da existência consiste numa atividade da alma racional*" e "*quando a paixão for elevada à racionalidade, o indivíduo poderá celebrar o triunfo da virtude e a superação do confronto da paixão contra a razão*"(7). Essa superação consistiria na racionalização da paixão, subordinando-a à sabedoria prática, que é uma virtude da alma racional.

Por outro lado, para Warat existe uma falta de criatividade, uma carência de uma imaginação emancipadora, que seria capaz de libertar os homens de sua alienação cotidiana. Falta o sonho, falta a utopia. Ausências que só um "pensamento sem controle" pode suprir. Um pensamento "surreal", no dizer waratiano, dependente das paixões e capaz de "expressar coletivamente uma imaginação encaminhada ao maravilhoso."(8) Trata-se, enfim, de dar sabor ao saber.

Para tanto, continua Warat, "*é preciso uma razão que, ampliando seus horizontes lógicos, consiga fazer a crítica da própria razão e suas propostas de compreensão do mundo e da sociedade.*"(9)

Essa necessidade é ainda mais urgente em uma sociedade democrática que, como lembra Michael J. Sandel, "*é cheia de divergências entre o certo e o errado, entre justiça e injustiça*"(10). Os hábitos consumistas e a digitalização dos relacionamentos não alteraram esse aspecto fundamental. Contudo, no dizer de Sandel, "guerras culturais" estão sendo travadas diariamente. A velocidade das comunicações, a desinibição em expressar seus pensamentos e convicções, estimulam essas manifestações, cada vez mais radicais e extremas. Em um sentido perverso e horrivelmente racional, pode-se dizer que o radicalismo é também uma "mercadoria" que está sendo posta "à venda" por meio das redes sociais. Busca-se seduzir para arregimentar, para conseguir "soldados".

---

(6) *Apud* in CHAUÍ, Marilena. op. cit. p.25-26.

(7) *Apud* in CHAUÍ, Marilena. op. cit. p.27.

(8) WARAT, Luís Alberto. *A Ciência jurídica e seus dois maridos*. Santa Cruz do Sul: Fises, 1990. p. 25.

(9) Id. *ibid*. p. 65.

(10) SANDEL, Michael J. *Justiça* – O que é fazer a coisa certa. 16. ed. Rio de Janeiro: Civilização Brasileira, 2014. p. 36.

Logo, ganham importância cada vez maior os símbolos usados para "seduzir e convencer". Em um mundo marcado pelo consumo, a "marca" é tão importante quanto o que ela estampa, servindo como um meio de sedução e legitimação, não apenas de produtos, mas de pessoas e idéias. Como lembra Pierre Bourdieu, o "poder simbólico" deve sua eficiência ao fato de que as relações de força que nele se exprimem se apresentam de forma "camuflada". Em outras palavras:

> O poder simbólico como poder de constituir o dado pela enunciação, de fazer ver e fazer crer, de confirmar ou de transformar a visão do mundo e, deste modo, a acção [*sic*] sobre o mundo, portanto o mundo; poder quase mágico que permite obter o equivalente daquilo que é obtido pela força (física ou económica [*sic*]), graças ao efeito específico de mobilização, só se exerce se for reconhecido, quer dizer, ignorado como arbitrário.(11)

É um tipo de poder difícil de identificar, mas nem por isso menos real, capaz de influenciar a percepção que temos sobre certo e errado e, conseqüentemente, a forma como enxergamos e lidamos com o outro.

Nesse contexto, o conceito de ética e sua importância nos relacionamentos é posto em dúvida. Na fria lógica do consumismo, que transita e se espalha nas rápidas vias digitais, espaços da superficialidade e dos extremos, há lugar para a ética como a conhecemos? Há tempo para pensar no outro?

## 3. Jogos eletrônicos: o entretenimento da era digital

Ao listar os mais recentes fenômenos da cultura pop e do entretenimento é impossível não citar pelo menos alguns jogos eletrônicos. Em 2009, o jogo "**Call of Duty: Modern Warfare 2**" ("**Chamado do dever: guerra moderna 2**") foi lançado mundialmente. Nos primeiros cinco dias de venda, ele já havia alcançado a cifra de **550 milhões de dólares** e apenas dois meses após o lançamento, já havia faturado mais de **1 bilhão de dólares** (http://news.bbc.co.uk/2/hi/technology/8457335.stm). Colocando esses dados em perspectiva, no mesmo ano de 2009 o filme com maior faturamento nos cinemas mundiais foi "**Harry Potter e o enigma do príncipe**", que arrecadou **924,4 milhões de dólares** (http://portaldecinema.com.br/news/2009/12/29/as-maiores-bilheterias-de-2009-nos-cinemas/).

Tais números são ainda mais impressionantes se levarmos em consideração que os jogos da série "**Call of Duty**" constituem uma franquia com interações anuais, ou seja, a cada ano repete-se esse fenômeno. E isso é apenas um dos muitos exemplos desse ramo da indústria de entretenimento.

---

(11) BOURDIEU, Pierre. *O poder simbólico*. 3.ed. trad: Fernando Tomaz. Rio de Janeiro: Bertrand Brasil, 2000. p. 14.

"**World of Warcraft**", da produtora Blizzard é um "**massively multiplayer online role-playing game – MMORPG**" (*"jogo de interpretação de personagens online e em massa para múltiplos jogadores"*), foi lançado em 2004 e ainda hoje tem milhões de jogadores "ativos", ou seja, que frequentemente acessam o jogo. Uma das características desse tipo de jogo é que ele se passa em um "mundo aberto", no qual dezenas (e mesmo centenas) de jogadores podem interagir simultaneamente, aceitando desafios cooperativos ou lutando entre si. Isso acaba por criar uma comunidade virtual, eis que os jogadores são divididos por classes e raças, cada uma com características próprias (poderes, armas, "origem" etc).

Considerando a estrutura e enorme conteúdo oferecidos, até 2010 era cobrada uma mensalidade para todos os jogadores, de modo que eles pudessem continuar usufruindo das histórias e aventuras. A partir de 2011, o jogo passou a ter uma versão gratuita com uma limitação de conteúdo, mas ainda cobra mensalidade dos jogadores que desejam ter acesso a todas as funcionalidades e possibilidades do MMORPG. Para manter os mais experientes engajados, a produtora do jogo continua lançando atualizações periódicas, com ainda mais conteúdo. "World of Warcraft" chegou a ter em seu auge mais de **12 milhões de assinantes mensais** (https://en.wikipedia.org/wiki/World_of_Warcraft).

A série "**Grand Thief Auto**", mais conhecida como GTA, existe há quase 20 anos e é produzido pela empresa **Rockstar North**. O que começou como um jogo de computador com gráficos simples, tornou-se uma febre mundial. O divisor de águas foi o jogo "**Grand Thief Auto 3**" (GTA 3), que colocava o jogador em uma cidade virtual, criada totalmente com gráficos em 3D, com a missão de viver (e ser bem sucedido) como um criminoso. Como o próprio nome sugere (a tradução do título em português seria "Grande Ladrão de Carros"), a temática é polêmica, já que o jogador assume um papel socialmente (no mundo real) condenado. Roubo/furto de carros, assaltos, assassinatos, violência gratuita, tudo isso é permitido e estimulado no jogo.

Apesar disso, as vendas da série só têm aumentado. A última interação, **GTA 5**, foi lançado originalmente em **setembro de 2013** e já vendeu mais de **65 milhões** de unidades para computadores e consoles domésticos (Playstation 3, Xbox 360, Playstation 4 e Xbox One). O jogo faturou em seu primeiro dia cerca de **800 milhões de dólares** e cerca de **1 bilhão de dólares** em três dias (https://en.wikipedia.org/wiki/Grand_Theft_Auto_V). Além da narrativa, **GTA 5** conta com uma comunidade virtual ("**GTA on line**"), local em que os jogadores se encontram para compartilhar missões, atuar de forma cooperativa ou lutar entre si.

Trata-se, portanto, de um negócio que movimenta bilhões de dólares anualmente, atingindo milhões de pessoas. Tanto é verdade que o segmento de jogos eletrônicos tornou-se um ponto de enorme interesse para quase todas as empresas que lidam com tecnologia e entretenimento. Aparelhos de celular como o iPhone (Apple) e a série Galaxy (Samsung), apenas para ficar entre as maiores empresas do segmento de smartphones, não são lançados sem o devido destaque para a capacidade gráfica e a possibilidade de serem utilizados como plataformas para jogos cada vez mais atrativos e complexos. O novo sistema operacional da Microsoft, o Windows 10, tem entre suas melhorias mais destacadas novas ferramentas para desenvolver jogos ainda melhores e com gráficos mais impressionantes.

Os meios de interação não param por aí. Todos os consoles domésticos da chamada "nova geração" (Playstation 4, Xbox One e WiiU) oferecem uma rede para seus usuários, onde eles podem adquirir jogos, compartilhar experiências e conversar com outras pessoas. O console mais vendido da atualidade, o Playstation 4, já tem mais de **40 (quarenta) milhões de unidades** comercializadas no mundo todo e **dezenas de milhões de usuários registrados** em sua rede (**Playstation Network**). E isso em apenas três anos no mercado.

Há inúmeros outros exemplos de sucesso nesse segmento, oferecendo experiências muito variadas. Desde os simuladores de corrida, até aqueles que colocam o jogador no papel de aventureiros, no estilo do personagem de Indiana Jones. Desde os tempos de "**Pong**", originado na década de 1970**,** passando por **Tetris e Pac-man** (jogos clássicos da década de 1980) as possibilidades se multiplicaram. Tornou-se possível recriar momentos e localidade históricas, permitindo que o jogador "viva" nesses lugares, conversando e interagindo com pessoas comuns e até figuras famosas como Leonardo da Vinci ou Galileu Galilei. A tecnologia, assim como no cinema, eliminou as barreiras para a imaginação humana.

Muitos desses jogos refletem o simples desejo de diversão. A série Call of Duty, por exemplo, coloca o jogador no papel de um soldado, através da recriação de conflitos reais (Segunda Guerra Mundial, Guerra do Vietnam, Guerra do Iraque) ou imaginários. Porém, há outras narrativas que implicam em discussões morais e éticas fundamentais. Em um mundo marcado pela guerra, fome ou doença, quem deve sobreviver? Entre salvar a vida de um desconhecido (ou mesmo de toda a raça humana) ou uma pessoa amada, o que você faria? Os avanços e descobertas científicas devem observar limites éticos ou morais? Essas são algumas das provocações feitas em jogos eletrônicos da atualidade.

No cinema, teatro e literatura dilemas assim também costumam ser apresentados, mas nesses lugares somos meros espectadores da narrativa, sem alternativa que não esperar pelo desfecho já traçado pelo autor. Em alguns jogos eletrônicos, o jogador deve fazer escolhas que definem o final da história e/ou o destino de determinados personagens. Com essa mudança de papel, o jogador assume um protagonismo inédito em outras mídias e formas de entretenimento de massa.

Vejamos em separado alguns exemplos de histórias assim.

## 4. O mundo de Bioshock

Discussões sobre os limites éticos da ciência não são uma novidade. Muito antes da popularização dos computadores pessoais, do advento da internet, das comunicações instantâneas e mesmo das primeiras experiências com bebês de proveta, essas questões eram fonte de preocupação no imaginário e cultura do século passado.

Ao longo do século XX, os avanços e descobertas científicas foram saudados como prova da aparente inesgotável e inexorável capacidade humana de romper barreiras físicas (e mentais) daquilo que era considerado "possível". As descobertas no campo da Física do início do século XX, pelas mãos de pensadores como Albert Einstein e Werner Heisenberg, refutaram concepções seculares, produzindo efeitos reais no mundo moderno, que reverberam até os dias de hoje. As teorias da mecânica quântica e da relatividade, a descoberta da energia atômica e o seu uso militar na Segunda Guerra Mundial são uma prova disso. Essas e outras "maravilhas" trouxeram um novo espírito à segunda metade do século XX, cuja principal característica era a percepção (científica e cultural) de que "tudo era possível". As mentes do final do século XIX e início do século XX, empolgadas com os rápidos avanços da ciência, acreditavam que o futuro próximo traria meios de comunicação instantâneos, viagens para fora do planeta, computadores e robôs que pensariam e agiriam como seres humanos.

Todas essas idéias surgem como realidades viáveis nas mentes e corações e na cultura popular ainda na primeira metade do século XX. Mesmo antes disso, ainda no século XIX, se tomarmos como referência as obras de Júlio Verne (p.ex. Vinte mil léguas submarinas, Da terra à Lua, Viagem ao centro da Terra) e H.G. Wells (p.ex. Guerra dos mundos, Máquina do Tempo, O homem invisível). E esse processo apenas iria se acelerar com o passar dos anos.

As dúvidas, porém, são muitas. Há limites para a capacidade humana? A ciência, como vetor de descoberta desses limites deve ter, ela própria, limites sobre até onde pode avançar? Autores como Isaac Asimov, Arthur C. Clarke e Philip K. Dick anteviram em suas obras de "ficção científica" os avanços, perigos e questões éticas dessas descobertas. Isso sem falar nas obras seminais de George Orwell ("1984") e Aldous Huxley ("Admirável mundo novo"), que descreveram os riscos do controle individual pelo aparelho estatal por meio da tecnologia e condicionamento social e, no caso da obra de Huxley, genético.

O tema não é novo, mas nem por isso deixa de ser atual. Como conseqüência, proliferam obras tratando do assunto. Uma das mais impactantes é um jogo eletrônico chamado "**Bioshock**", lançado em agosto de **2007** e que já teve duas continuações **(Bioshock 2 – 2010 e Bioshock Infinite – 2013)**.

O primeiro título tem como pano de fundo a década de 1960, quando o protagonista de passado misterioso, Jack, é enviado de avião para encontrar um homem, o magnata dos negócios Andrew Ryan, que construiu uma cidade submersa no fundo do oceano.

Essa cidade se chama Rapture e foi idealizada por Andrew para ser um local de plena realização das potencialidades humanas, em que a arte e a ciência não estariam "***amarradas por limites éticos ou morais***". Uma sociedade formada apenas por "notáveis", que iriam quebrar tabus, superar paradigmas e criar maravilhas. Nas palavras do próprio Andrew:

> um homem tem uma escolha, eu escolhi o impossível. Eu construí uma cidade onde os artistas não temeriam a censura, onde o grande não seria limitado pelo pequeno, onde os cientistas não estariam obrigados pela moralidade mesquinha. Eu escolhi construir Rapture. Mas minha cidade foi traída pelo fraco. Então eu pergunto a você meu amigo, se sua vida é o prêmio, você mataria o inocente? Você sacrificaria sua humanidade? (tradução livre)

Em certo momento do jogo, Andrew ainda diz: **"***perguntaram porque Rapture foi construída no fundo do mar. Eu respondi que ela não poderia ser construída em nenhum outro lugar***".**

**Rapture** é, portanto, a personificação dos anseios (e temores) de toda uma geração (ou gerações). Um local de maravilhas e descobertas, avanços e conquistas. Mas é também um lugar em que a ética (tradicional) não deve ter voz, em que as consequências não devem ser um obstáculo para o avanço da ciência e da capacidade humana.

Contudo, ao chegar à cidade, levado por um pequeno submarino escondido em um farol abandonado, o jogador imediatamente percebe que algo está errado. **Rapture** está em ruínas, quase todos os moradores mortos e os poucos que sobraram enlouquecidos. Toda a história gira em torno de encontrar **Andrew** e descobrir o que aconteceu. Para isso o jogador tem que atravessar a cidade. Ao fazê-lo, acaba descobrindo várias atrocidades perpetradas em nome da ciência e da "ausência de limites morais".

Loucura, violência, experiências genéticas, intrigas e luta pelo poder, foram algumas das causas da queda de Rapture. Quando você finalmente encontra Andrew, ele está protegido da barbárie por uma porta de vidro. Andrew testemunhou a destruição da cidade que idealizou como um sonho de liberdade, vítima justamente dessa liberdade sem limites. Há um sentimento de profunda melancolia no personagem. Andrew, então, pede que **Jack** o mate e você, como jogador, não tem outra opção senão fazê-lo.

Há outras reviravoltas no jogo, ligadas à origem do próprio Jack e à disputa pelo controle dos espólios de **Rapture.** Independente disso, o aspecto mais marcante da história continua sendo a própria cidade submersa e os motivos que levaram à sua criação. Por mais estranho que pareça, há um forte apelo simbólico atrelado ao ideal de Andrew, que pode ser observado em outros momentos e lugares na história.

Isso porque **Rapture** é uma ***utopia***, no sentido de não ser apenas um ***lugar*** idealizado, mas principalmente uma ***ideia*** ou **ideologia**, uma forma de conceber o mundo e a ética que rege as relações humanas. Nesse aspecto, ela não é diferente do mundo descrito por Hitler em seus discursos, em que um ***Terceiro Reich*** iria surgir para comandar o mundo por 1000 anos! Ou ainda de outras visões de mundo baseadas em uma crença/esperança de construir uma sociedade "perfeita" e/ou livre "do mal", seja qual sentido atribua-se à palavra "mal".

Como esclarece Michael Löwy, nem toda construção discursiva que tenta explicar a realidade ou parte dela pode ser chamada de utopia. Nessa categoria de discurso que propõe uma "*visão social de mundo*", estão tanto as ideologias quanto as utopias. Ambas são, segundo Löwy, "*formas de pensar, estilos de pensamento, pontos de vista, que são vinculados aos interesses, às posições de grupos ou classes*".[12]

Nesse sentido, todo pensamento está vinculado à concepção do real daquele que o constrói, por isso mesmo esse pensamento é uma construção historicamente datada e não a "verdade", nem o sujeito que o produz é alguém livre de valores e preconceitos. Ao contrário, são esses valores e preconceitos que irão caracterizar o pensamento por ele produzido.

Com isso, podemos perceber que aquilo que Löwy chama de *visão social de mundo* é o gênero no qual estão contidas as ***ideologias*** e as ***utopias*** como espécies distintas. Porém, a diferença entre essas duas "visões de mundo" refere-se não à forma de sua construção ou às características daqueles que as constroem, mas estão relacionadas com o mundo que nelas está representado.

Sob essa ótica, as **ideologias**, apesar de não terem o caráter pejorativo atribuído por Karl Marx, ainda possuem um sentido conservador, tendo como função (consciente ou inconscientemente) a manutenção, legitimação ou reprodução da ordem presente, do *status quo*. Já as **utopias** querem transformar essa ordem em algo novo, diferente. As utopias são, portanto, críticas, contestadoras, até mesmo revolucionárias. As primeiras remetem à realidade já existente, as segundas a uma realidade futura e possível.

**Rapture**, a partir dessa concepção, por mais caótica e disfuncional que tenha se tornado, nasceu como uma utopia, pois almejava transformar o mundo em "algo melhor". E como tantas histórias semelhantes, reais e imaginárias, trouxe apenas horror a seus idealizadores.

## 5. As escolhas de Heavy Rain e Walking Dead

Histórias sobre tragédias familiares, separações, disputas entre pais e filhos são recorrentes na literatura moderna. Desde a antiga Grécia esses dramas constituem

(12) LOWY, Michael. *Ideologias e Ciências Sociais*: elementos para uma análise marxista. 2.ed. São Paulo: Cortez, 1985.

fonte de entretenimento e reflexão, tendo **Antígona,** que integra a "**Trilogia Tebana**" de **Sófocles,** como um de seus exemplos mais famosos.

Essas temáticas continuaram sendo objeto do cinema e da literatura dos séculos XX e XXI. Assim como as disputas por poder e as traições amorosas, são temáticas "universais", justamente por tratarem de aspectos do cotidiano, facilmente compreensíveis e, para muitos, já vivenciados. Se a cultura pop é capaz de produzir imagens idealizadas do futuro, próximo ou distante, realizável ou utópico, ela (a cultura pop) também dialoga com os sentimentos e experiências atuais. Não poderia ser diferente, já que essas manifestações artísticas refletem o tempo em que são concebidas e tais conflitos permanecem como fontes constantes de inspiração. Sob esse ponto de vista, ela é uma bússola para o futuro, mas também um espelho do presente.

Uma dessas histórias ocorre em um jogo eletrônico chamado "**Heavy Rain**", lançado em 2010, tendo alcançado grande sucesso de crítica e vendas. O início da narrativa mostra a harmonia de uma família. Pais e filhos aproveitam seu tempo juntos em casa e depois resolvem passear no shopping. Tudo corre bem, como deveria ser.

Antes de continuar, um detalhe sobre **"Heavy Rain"**. Diferente de outras histórias contadas em jogos eletrônicos, que apenas servem de desculpa ou pano de fundo para uma sequência de desafios que devem ser cumpridos, o jogador é desafiado constantemente a fazer escolhas que podem mudar (e muitas vezes mudam) o destino dos personagens. Seguindo uma tendência dos jogos modernos, não há um roteiro "fechado" na narrativa de "**Heavy Rain"**. Existem diferentes desfechos para a história, que estão ligados diretamente às decisões tomadas pelo jogador.

Por outro lado, apesar de ter escolhas, a história é centrada em um único objetivo: salvar o filho desaparecido antes que ele seja morto por um assassino serial. O jogador assume o papel de alguns personagens e suas decisões afetam o destino de todos.

Por exemplo, em determinado momento o pai (você, como jogador) fica diante da seguinte escolha: tomar um frasco de veneno em troca da vida do filho, mesmo sem ter a certeza que o assassino irá cumprir sua palavra. Se o jogador optar por não tomar o veneno, ele ainda poderá salvar a criança, mas isso não é uma certeza, pois dependerá de outras decisões mais à frente no jogo. Em outro momento, o jogador controla um detetive que investiga os crimes anteriores do assassino. Ele está em um mercado, onde acabou de interrogar o proprietário, que também teve o filho desaparecido. Após a conversa, entra na loja um assaltante e ameaça o dono com uma arma. Você, como o detetive, tem a opção de se esconder ou tentar (sob o risco da própria vida) salvar o proprietário. Veja que a morte do seu personagem é uma possibilidade real e isso implicará em não saber os desdobramentos de sua história. Se você apenas se esconder, escapará com vida, mas o dono da loja será morto pelo bandido.

Essas difíceis escolhas são representações de dilemas humanos reais. Entre a vida de um ente querido e a de um completo estranho, quem você escolheria? E se for a nossa vida em troca de um filho ou esposa ou pai? Dilemas éticos e morais antigos, mas que persistem como desafios éticos.

Esses mesmos conflitos são utilizados no jogo "**The Walking Dead**", baseado em uma famosa série de histórias em quadrinhos, posteriormente adaptada (com grande sucesso) para a televisão.

A história se passa no presente, mas com um detalhe perturbador. Os mortos se levantaram e passaram a atacar os vivos. Esse cenário apocalíptico serve como pano de fundo para discussões complexas sobre a humanidade, os laços sociais, éticos e de fraternidade. Por que respeitamos o próximo? O que nos impede de atos de selvageria e insensatez? É a lei, a existência de uma "ordem social" imposta pela força do Estado, que nos reprime moralmente? E se essa ordem desaparece de um dia para o outro? E se a vida passa a ser uma busca constante por sobrevivência, sem um Estado para nos supervisionar e estabelecer limites? Ainda seremos guiados pelos mesmos valores éticos?

Mais uma vez, estamos diante de questionamentos seculares. A própria teoria política que legitima o Estado Moderno parte de tais indagações. Não por acaso **Thomas Hobbes**, ao refletir sobre a necessidade do Estado, atribuiu-lhe um nome mítico. O "**Leviatã**" de Hobbes é uma figura mítica que personifica o Estado, capaz de impor freios às manifestações violentas e insensatas do homem. Para Hobbes, sem ele somos apenas presas ou predadores, incapazes de estabelecer paz ou harmonia duradoura.

Esse receio permeia inúmeras manifestações artísticas. O livro "**A Estrada**" do americano **Cormac McCarthy** é uma das obras literárias que imaginam esse mundo sem Estado, perdido na autodestruição humana, sem barreiras éticas e de instinto de solidariedade. "**The Walking Dead**", tanto em sua encarnação original nas histórias em quadrinhos como na série de televisão, segue a mesma premissa. Apenas se altera o estopim para o fim da civilização. Enquanto em "**A Estrada**" não fica claro o que levou ao cataclismo social (apenas se sugere uma guerra nuclear ou um desastre dessa natureza) em "**The Walking Dead**" são os "mortos-vivos" a causa do colapso da humanidade como a conhecemos.

Porém, no jogo há um fator perturbador. Assim como em **Heavy Rain**, o jogador precisa decidir o futuro de outros personagens a partir de situações difíceis. Uma pessoa que já traiu a confiança do grupo merece uma segunda chance ou ela é apenas mais um risco que não vale a pena assumir? Quem deve viver ou morrer? Se alguém à beira da morte pede que "alivie o sofrimento dele", você teria coragem de fazê-lo?

Como resultado do uso das redes sociais integradas aos jogos eletrônicos, ao final de cada "capítulo" da história são apresentadas estatísticas mostrando não apenas as escolhas que você fez, mas a dos outros jogadores diante das mesmas situações. Os dados são registrados e agrupados através da conexão dos consoles e computadores com a internet. Uma análise desse tipo e escala, que alcança milhões de pessoas ao redor do mundo, das mais diversas culturas e classes sociais, é um indicativo das possibilidades de interação de uma sociedade "conectada".

## 6. A brutalidade cômica de Uncharted e o mundo sombrio de The Last of Us

Nas brincadeiras infantis é comum as crianças se imaginarem como heróis invencíveis, capazes de derrotar dezenas de inimigos sem sofrer um arranhão. É a personificação do super-homem, no sentido mais tradicional do termo. Em termos simples, o herói não pode ser derrotado, porque age em nome do "bem", em função do que "é certo" e para "salvar o mundo".

Essa bagagem ética/moral serve como pano de fundo para inúmeras histórias e representações, nas mais diferentes formas de expressão. Cinema, teatro, literatura e até música são veículos utilizados pela imaginação humana para representar essa simbologia.

Os jogos eletrônicos também o fazem, em inúmeras maneiras e formatos. O herói, como símbolo do que "é bom" também é uma força narrativa no meio de entretenimento eletrônico. Não necessariamente descrito como uma figura humana (o herói pode ser um animal ou ser mitológico/divino), ele também aqui luta pelo que é "certo", "pela justiça" e/ou para "salvar todos".

No entanto, como reflexo das transformações que vivemos, a figura do salvador também deve ser colocada em perspectiva. Esse novo contexto influencia aquilo que é tido como "heróico" ou "aceitável", até mesmo para a personificação do "super-homem". Isso não significa dizer que todas as narrativas tendem a colocar o jogador no papel de vilão. Isso seria dizer que o ideal de bem foi posto totalmente de lado, apesar da crescente popularidade de jogos em que o protagonista é, reconhecidamente, um personagem criminoso ou que vive "à margem da lei".

Por outro lado, ganha popularidade a figura do "anti-herói", que apesar de não romper totalmente com os valores morais e éticos estabelecidos socialmente, apresenta uma imagem carismática o suficiente para ter "permissão" de flexibilizar e até mesmo romper em certas circunstâncias essas barreiras.

Um exemplo disso é a série **"Uncharted"** que em 2016 teve sua quinta interação lançada mundialmente. Iniciada em **2007**, essa série já vendeu mais de **30 milhões** de unidades no mundo todo (https://en.wikipedia.org/wiki/Uncharted#-Sales). Seu protagonista é **Nathan Drake**, um charmoso, engraçado e destemido caçador de tesouros. Além da capacidade gráfica dos últimos consoles domésticos, a série **Uncharted** sempre investiu em sofisticadas técnicas de ***motion capture,*** em histórias com forte carga emotiva, focadas nos relacionamentos de seus personagens e em diálogos divertidos, características típicas dos chamados "**blockbusters**" do cinema americano.

Os roteiros dos jogos trazem diálogos divertidos, perseguições emocionantes, tesouros lendários e muito perigo para Nathan Drake e seus amigos. Tudo que um grande filme de aventura oferece. Contudo, para avançar no jogo o protagonista deve derrotar centenas de inimigos. Suas armas? Pistolas, metralhadoras, rifles de alta precisão e até lança-granadas, usadas sem piedade ou remorso e, de preferência, acompanhado de um comentário engraçado.

O charmoso Drake, portanto, é um assassino em série que se diverte mandando seus inimigos pelos ares ou quando acerta um tiro na cabeça ("**headshot**"). Isso quando ele não resolve usar as próprias mãos para quebrar pescoços ou simplesmente jogar o adversário em um penhasco.

No entanto, é possível dizer que o sucesso dessa série, assim como de outras no mesmo estilo, não está baseado na violência, apesar de ela estar intimamente ligada ao "fator diversão" desse tipo de jogo, servindo como uma espécie de catarse. Isso porque o objetivo final não é matar os adversários, mas encontrar o tesouro, salvar a namorada, o amigo ou até evitar uma ameaça que pode tirar inúmeras outras vidas.

Em outras palavras, os fins almejados por Drake podem ser considerados aceitáveis e até mesmo "nobres". Os meios, apesar de questionáveis, são apresentados como algo secundário, travestidos de humor e aventura, em doses e situações absurdas. Ao final de cada jogo, Drake matou centenas de inimigos, mas também foi baleado, ficou perdido em desertos, foi perseguido por tanques e helicópteros, por assassinos e monstros. E apesar de todas as chances contrárias, conseguiu sobreviver.

Como um verdadeiro filme de ação, o jogador assume o papel de um super-herói, invencível e isento de remorso. Os dilemas éticos diluem-se no clima aventuresco da narrativa, nas piadas e no fato de que o personagem diverte-se ao fazer tudo aquilo. E também diverte o jogador, obscurecendo qualquer outra implicação do que acontece na tela da televisão.

Isso não significa dizer que todo jogo utiliza artimanhas narrativas para mascarar atos violentos ou a dubiedade moral das escolhas que são feitas pelo protagonista/jogador.

Um exemplo é "**The Last of Us**", criado pelo mesmo desenvolvedor da série "**Uncharted**" (o estúdio americano ***Naughty Dog*** – http://www.naughtydog.com/company/), que traz uma história bem diferente, com uma abordagem séria e sombria acerca dos temas que aborda.

A narrativa se passa em um futuro próximo. Um fungo começa a transmitir uma doença aos humanos. Como o contágio ocorre pelos esporos que o fungo libera no ar, a doença logo se transforma em uma pandemia. Os infectados apresentam inicialmente um comportamento violento, irracional e incontrolável, aos poucos passando também a sofrer mutações e deformações. A sociedade como a conhecemos entra em colapso. Poucos sobrevivem e aqueles que conseguem estão sob a constante ameaça de serem infectados. Dos escombros da civilização surgem novas cidades e agrupamentos, onde o controle militar é severo e, mesmo assim, incapaz de conter o avanço da doença. Há aqueles que continuam a procurar a cura, apesar da crueldade do mundo que os cerca. Apesar de tudo, ainda há esperança.

No entanto, o seu personagem (Joel) não acredita mais no futuro. Logo no início da narrativa, no dia em que os ataques começaram, presenciamos Joel tentando escapar com a filha adolescente, enquanto a cidade em que vive começa a ser engolida por caos e violência. No desespero da fuga, sua filha leva um tiro e morre. A partir daí, a narrativa dá um salto de muitos anos e reencontramos Joel como um homem amargurado e cínico, vivendo de contrabandos e outras atividades ilícitas.

Então "você" recebe uma tarefa. É contratado por um grupo da "resistência" para transportar uma "carga" de uma cidade para um lugar remoto. Essa carga é uma adolescente (Ellie), que carrega um segredo que a torna muito importante para o futuro da humanidade. Você nada sabe de Ellie e não se importa. Apenas quer cumprir o trabalho. Contudo, o caminho é muito perigoso. Além dos infectados, você terá que fugir dos militares e dos grupos de bandidos que estão espalhados por uma América devastada e agora sem lei. Como muitas histórias que se passam em mundos "pós-apocalipse", logo fica claro que os conflitos humanos se tornam mais importantes que as condições hostis do ambiente e que são os seres humanos não infectados que representam o maior perigo.

A cultura ocidental moderna, especialmente a partir do século XX, vem alimentando a idéia de que em uma situação extrema, em que o Estado e os controles sociais como os conhecemos deixam de existir, o comportamento humano tende à violência e à desagregação social. Como já dito acima, é a mesma idéia por trás do pensamento de Hobbes, quando teorizou sobre a necessidade do Estado e cunhou a metáfora de que "o homem é o lobo do próprio homem".

No entanto, muitas coisas acontecem nessa jornada. Joel descobre a importância de Ellie. Ela é a única pessoa, até onde se sabe, imune à infecção! Seu sistema imunológico pode ser a chave para a reconstrução da sociedade e a salvação da humanidade.

Paralelamente, Joel começa a se afeiçoar a Ellie. As inúmeras dificuldades que enfrentam juntos, criam um sentimento de companheirismo entre os dois. Por meio de uma narrativa muito bem elaborada, presenciamos laços de amizade e paternidade sendo lentamente forjados, por provações e sacrifícios. Em um mundo cinza e condenado, Joel volta a ter esperança. Isso é tangível ao jogador, que faz todo esse percurso junto com os protagonistas.

No entanto, quando parecia que Ellie estava finalmente segura, junto com os cientistas e médicos da resistência, Joel descobre que o fungo está instalado no cérebro dela, apesar de não ter desenvolvido a doença. Também é informado que a única maneira de descobrir o que a torna imune é retirando esse fungo, o que causará a morte de Ellie.

Depois de ter "vivido" todas essas histórias, é exigido do jogador que deixe Ellie morrer. Joel, porém, não aceita esse destino e, mesmo sob o risco de destruir a única chance de uma cura para a humanidade, resolve salvar "sua Ellie". Ele invade a sala de cirurgia e consegue retirar uma Ellie desacordada do prédio da resistência, matando todos que ficam no seu caminho. Quando ela acorda e pergunta o porquê da cirurgia não ter ocorrido, Joel mente. Diz que os médicos encontraram outra pessoa imune e que a cirurgia não seria necessária.

Ellie, que estava ciente e conformada com seu destino, desconfia e pede para ele jurar que isso é verdade, que a vida dela realmente não era necessária para descobrir a cura dessa terrível doença, que matou bilhões de pessoas. Na última cena da narrativa, Joel encara Ellie e mais uma vez mente.

O dilema ético aqui presente revela a complexidade de certas escolhas que temos que fazer na vida. Como mostra Michael J. Sandel, algumas situações aparentam uma simplicidade que não é real. Uma mudança de perspectiva é capaz de tornar decisões "óbvias" em situações extremas. Como culpar Joel por sua escolha? Poder-se-ia exigir outra conduta?

## 7. Conclusão

Toda época tem suas características definidoras. Costumes, ideologias e manifestações culturais são elementos que ajudam a compreender uma sociedade, servindo como marcadores temporais, que nos ajudam a reconhecer e contextualizar determinado tempo e as pessoas que nele vivem.

O século XX foi marcado por grandes guerras e revoluções nos campos da ciência e tecnologia. Nesses 100 anos, a humanidade avançou em termos tecnológicos mais que em todo o período humano anterior. Ao mesmo tempo, o mundo testemunhou guerras globais, que mataram como nenhuma outra; o surgimento e a ruína do modelo socialista; a superação das barreiras físicas e geográficas para a comunicação; a crescente integração dos países por meio dos mercados e da cultura; a criação do computador, o surgimento e popularização da internet. O século foi repleto de conflitos, horrores, alegrias, eventos e (re)descobertas, mudanças de paradigmas e quebra de tabus culturais. Nas palavras de Hobsbawm, foi uma "era de extremos", que não raramente se chocaram e deixaram marcas indeléveis em toda a sociedade.

Diante de uma época tão repleta de acontecimentos e conseqüências, é compreensível que o início do século XXI ainda seja tão marcado e influenciado por esse tempo. Somos todos "filhos do século XX", reflexos de uma era conturbada e de "extremos", mas também de esperanças, sonhos e desafios. Não por acaso, usamos com freqüência a expressão "pós-modernidade" para definir o momento atual, que como já dito no início deste ensaio, é uma referência de onde viemos, mas pouco diz sobre o caminho a seguir.

Por outro lado, já é possível identificar aspectos do século XXI que o separam do passado recente e lhe conferem traços de uma identidade própria. O sociólogo Bauman é um dos pensadores que se propõe a fazer o "perfil do século XXI", a partir dos novos hábitos culturais e formas de relacionamento. Sua referência à liquidez se encaixa muito bem neste momento, em que ainda estamos aprendendo a lidar com as novas formas de interação criadas pela internet. Muitas dúvidas surgem, especialmente para aqueles que ainda lembram da época anterior ("pré-internet"). É possível dizer que a velocidade das mudanças aumentou, mas a capacidade de assimilação das pessoas não acompanhou o mesmo ritmo. Mesmo para os "filhos do século XXI" é difícil lidar com os sentimentos e se relacionar na velocidade hoje exigida, pois as regras parecem cada vez mais nubladas, com alterações constantes e muitas vezes drásticas.

Nesse contexto, da liquidez dos valores e da comercialização da imagem, assistimos as pessoas reescrevendo suas histórias e sua imagem, "vendendo" aparência, sentimentos, pensamentos e estilo de vida que não correspondem à realidade. A vida no novo século parece começar e terminar no espaço eletrônico, sendo que nada fora dele importa ou é "verdadeiro". Criam-se histórias, imagens e eventos afastados do "mundo real", justamente porque é incrivelmente fácil viver um "personagem". Na vitrine digital não é preciso, verdadeiramente, interagir com o outro, basta usar uma "máscara" sedutora.

Os jogos eletrônicos, paradoxalmente, cada vez mais exigem que o jogador interaja, que se expresse, que decida e diga o que pensa sobre determinado assunto, conflito ou dilema moral. Nem todos os jogos fazem isso, mas aqueles que optam por esse caminho tornam-se uma poderosa e influente manifestação cultural da sociedade digital, apesar de ainda pouco estudados.

Numa época em que muitos diálogos e interações se resumem a fragmentos de idéias e imagens **glamourizadas**, a possibilidade de voluntariamente participar de uma experiência narrativa e/ou social, ainda que sem conseqüências (imediatas) no "mundo real", deve ser encarada como um fenômeno relevante. Não apenas pelos temas que são discutidos, mas pelo alcance desse tipo de manifestação cultural (em nossa sociedade mundial e digital) e pela oportunidade de reflexão que essas narrativas podem proporcionar.

A "digitalização das relações", através dos jogos eletrônicos e redes sociais, é um fenômeno aparentemente irreversível. Como visto, é uma forma de expressão cultural cada vez mais popular e influente e que, paralelamente, está se tornando mais sofisticada e autoconfiante. Não foi diferente com o cinema no final do século XIX e ao longo do século XX. Basta imaginar o impacto cultural imensurável que os filmes tiveram ao longo do século passado e ainda têm.

Contudo, a resistência a essa idéia é esperada. Apesar dos números dizerem o contrário, ainda persiste a idéia de que jogos eletrônicos são "coisa de criança" ou que são diversões "alienantes". Novamente aqui é possível traçar o paralelo com o cinema, que em seus primórdios foi visto como uma simples "distração" ou "curiosidade".

Porém, será cada vez mais difícil encontrar quem nunca tenha participado de um jogo eletrônico e interagido com outras pessoas através deles. Cada vez em maior número, pessoas irão experimentar tais narrativas e refletir sobre elas, seja através de aparelhos destinados primordialmente para esse fim, seja em seus celulares "inteligentes" ou "tablets", computadores ou aparelhos de televisão. As inúmeras possibilidades de acesso ao conhecimento apresentadas pela internet, também implicarão em um sem fim de experiências sociais e/ou narrativas que seremos capazes de usufruir em formato de jogos eletrônicos.

E aí está uma outra característica fundamental do século XXI. Em um mundo com infinitas alternativas e chances de relacionamento, em que tudo pode ser conhecido a qualquer momento e lugar, as experiências deverão ser uma escolha consciente para que tenham significado duradouro. Esse será um dos grandes desafios de nossa era. Essa dificuldade, por sua vez, será determinante para motivar uma reflexão mais profunda sobre o que estamos consumindo e, indiretamente, sobre que tipo de "mercadoria" iremos nos tornar.

## REFERÊNCIAS BIBLIOGRÁFICAS

BACHELARD, Gaston. *A formação do espírito científico*: contribuição para uma psicanálise do conhecimento. trad: Estela dos Santos Abreu. Rio de Janeiro: Contraponto, 1996.

______. *Epistemologia*. trad: Nathanael C. Caixeiro. Rio de Janeiro: Zahar Editores, 1986.

BARTHES, Roland. *Aula*. 12.ed. trad: Leyla Perrone-Moisés. São Paulo: Cultrix, 1997.

______. *A aventura semiológica*. trad: Mário Laranjeira. São Paulo: Martins Fontes, 2001.

BAUMAN, Zygmunt, *Vida para consumo*: a transformação das pessoas em mercadorias/ Zygmunt Bauman; tradução Carlos Alberto Medeiros. Rio de Janeiro: Jorge Zahar Ed., 2008.

BERMAN, Marshall. *Tudo que é sólido desmancha no ar*: a aventura da modernidade. Tradução: Carlos Felipe Moisés, Ana Maria L. Ioriatti: 14 reimpressão. São Paulo: Companhia das Letras,1986.

BOURDIEU, Pierre. *O poder simbólico*. 3.ed. trad: Fernando Tomaz. Rio de Janeiro:Bertrand Brasil, 2000.

CAPRA, Fritjof. *A teia da vida*: uma nova compreensão científica dos sistemas vivos. Trad. Newton Roberval Eichemberg. 9 ed. São Paulo: Cultrix, 2000.

____________. *O tao da física: um paralelo entre a Física Moderna e o Misticismo Oriental*. Trad. José Fernando Dias. ed. 22. rev. e ampl. São Paulo: Cultrix, 2000.

CHAUÍ, Marilena de Sousa. *Cultura e democracia:* o discurso competente e outras falas. 7.ed. São Paulo: Cortez, 1997. (Biblioteca da educação. Série 6. Filosofia; v.2).

CHAUÍ, Marilena. *Público privado e despotismo*. In: Ética.

______. *O que é ideologia?* 2.ed. rev. e ampl. São Paulo: Brasiliense, 2001. (Coleção primeiros passos; 13).

DE MASI, Domenico. *O ócio criativo*. Entrevista a Maria Serena Palieri. Trad: Lea Manzi. Rio de Janeiro: Sextante, 2000.

ECO, Umberto. *Cinco escritos morais*. Trad: Eliana Aguiar. 2ed. Rio de Janeiro: Record, 1998.

"Essential Facts About the Computer and Video Game Industry – 2016". (http://essentialfacts.theesa.com)

FOUCAULT, Michel. Vigiar e Punir: História da violência nas prisões. 15 ed. Petrópolis: Vozes, 1997.

FOUCAULT, Michel. *Microfísica do Poder*. Ed. Graal, Rio de Janeiro, 1996.

FRIEDMAN, Thomas L. *O mundo é plano*: uma breve história do Século XXI. trad: [da ed. atualizada e ampliada] Cristina Serra, Sérgio Duarte, Bruno Casotti. Rio de Janeiro: Objetiva, 2007.

GAARDER, Jostein. *O Mundo de Sofia*. Companhia Das Letras, São Paulo, 1996.

HABERMAS, Jürgen. *Direito e democracia:* entre facticidade e validade. trad: Flávio Beno Siebeneichler. Rio de Janeiro: Tempo Brasileiro, 1997. 1v.

______. *Direito e democracia:* entre facticidade e validade. trad: Flávio Beno Siebeneichler. Rio de Janeiro: Tempo Brasileiro, 1997. 2v.

HOBSBAWM, Eric. *Era dos extremos:* o breve século XX: 1914/1991. Tradução: Marcos Santarrita. São Paulo: Companhia das Letras,1995.

______. *Sobre história*. Trad: Cid Knipel Moreira. São Paulo: Companhia das Letras, 1998.

HOBBES, Thomas. *Leviatã*. Martin Claret, São Paulo, 2001.

HUXLEY, Aldous. *Admirável Mundo Novo*. Trad: Vidal de Oliveira e Lino Vallandro. 15 ed. Rio de Janeiro: Globo, 1987.

KELSEN, Hans. *A Democracia*. Tradução: Ivone Castilho Benedetti, Jefferson Luiz Camargo, Marcelo Brandão Cipolla e Vera Barkow. São Paulo: Martins Fontes, 1993.

______. *A ilusão da justiça*. trad: Sérgio Tellaroli. São Paulo: Martins Fontes, 1995.

______. *O problema da Justiça*. 2. ed. trad: João Baptista Machado. São Paulo: Martins Fontes, 1996.

______. *Teoria Pura do Direito*. 6. ed. trad: João Baptista Machado. São Paulo: Martins Fontes, 1998.

KUHN, Thomas S. *A estrutura das revoluções científicas*. 6. ed. São Paulo: Perspectiva, 2001.

LOWY, Michael. *Ideologias e Ciências Sociais:* elementos para uma análise marxista. 2. ed. São Paulo, Cortez, 1985.

MARQUES NETO, Agostinho Ramalho. *A ciência do Direito:* conceito, objeto e método. 2. ed. Rio de janeiro: Renovar, 2001.

MIAILLE, Michel. *Introdução crítica ao direito.* 2. ed. Lisboa: Estampa, 1994.

NAÍM, Moisés. *O fim do poder:* nas salas da diretoria ou nos campos de batalha, em Igrejas ou Estados, por que estar no poder não é mais o que costumava ser? Trad: Luís Reyes Gil. São Paulo: LeYa, 2013.

ORWELL, George. *1984.* trad: Wilson Velloso. 10 ed. São Paulo: Companhia Editora Nacional, 1977.

PESSOA, Fernando. *Obra poética.* 3. ed. Rio de Janeiro: Nova Aguilar, 1997.

SANTOS, Boaventura de Sousa. *Pela mão de Alice:* o social e o político na pós-modernidade. 4. ed. São Paulo: Cortez, 1997.

SANDEL, Michael J. Justiça – *O que é fazer a coisa certa.* 16. ed. Rio de Janeiro: Civilização Brasileira, 2014.

WARAT, Luís Alberto. *A pureza do poder:* uma análise crítica da teoria jurídica. Florianópolis: UFSC, 1983.

______. *Ciência jurídica e seus dois maridos*. Santa Cruz do Sul: Fises, 1990.

# DISTOPIA, FICÇÃO E CINEMA: SOBRE DIREITO E NÃO-DIREITO

***James Magno Araújo Farias***[13]

*Sonhei, começou ele, e em seguida se calou. Era complexo demais para traduzir em palavras. Havia o sonho em si, e havia uma lembrança associada ao sonho que aflorara em sua mente alguns segundos depois de ele acordar. (Diálogo entre Winston e Julia, os amantes proibidos de "1984". George Orwell)*

## 1. Sobre o tema proposto

Muitas obras de ficção, no cinema e na literatura, trazem uma visão de um mundo distópico, seja no futuro ou em uma realidade alternativa, quase sempre sombria, violenta, poluída, opressora, geralmente sob uma ótica antagônica ao conceito clássico de democracia. Distopia é o inverso da utopia. Enquanto esta última representa um ideal de perfeita convivência humana, a distopia é um modelo de sociedade imperfeita, caracterizada por elevado controle ou descontrole estatal e, normalmente, por muita violência.

O futuro da Humanidade, em várias dessas previsões ficcionais, pertence a governos tirânicos, que exigem da população uma conduta social rígida, mediante da imposição de severas regras de conduta.

Essa visão é dada pelo ângulo de um mundo cultural, no qual a sociedade imaginária aparece suja ou asséptica; ou um lugar onde a cibernética domina o homem e o homem virou seu escravo, como em Matrix ou o Exterminador do futuro.

Há muitas outras obras também sobre nosso real passado totalitário (*O ovo da serpente, Lucien Lacombe, o Tambor, a Lista de Schindler e Adeus, meninos*), sobre um futuro ficcional totalitário (*1984, Admirável Mundo Novo, Equilibrium e Juiz Dredd*) ou ainda sobre uma realidade alternativa *(Pátria amada, The Handmaid's Tale e O homem do castelo alto)*. A lista é enorme.

Havendo tantas obras eu tive de escolher algumas poucas para situar o tema, e, talvez, tenha dado mais ênfase ao direito (ou ao não-direito, na feliz expressão de

(13) Desembargador Federal do Tribunal Regional do Trabalho da 16ª Região/MA. Professor adjunto do Departamento de Direito da Universidade Federal do Maranhão. Mestre (UFPE) e Doutor em Direito (Universidade Autónoma de Lisboa). Autor dos livros "Direitos sociais no Brasil", "Direito constitucional do Trabalho: sociedade e pós-modernidade", "O labirinto silencioso" e "A toda velocidade possível: ensaios sobre um mundo em movimento".

Canotilho) do que à ficção científica ou ao cinema, o que seria mais palatável aos não juristas. E, para tanto, tive de analisar os conceitos de democracia e suas formas inversas, autoritarismo e o totalitarismo – e onde há a interseção da distopia com a cultura pop.

## 2. Estado de Direito e seus inversos: autoritarismo e totalitarismo

Ao longo da história, Estado de Direito e as mais variadas ditaduras alternaram-se com facilidade impressionante mundo afora, abrindo o caminho para líderes que se proclamariam redentores da pátria, defensores de raças, inimigos de crenças ou de uma concepção política; isso pôde ser visto no Brasil, Chile, Argentina, Grécia, Alemanha, Itália, Hungria, Portugal, Espanha, Panamá, Nigéria e alhures, apenas para citar alguns exemplos autocráticos.

Viralizaram, em tempo real na internet, as imagens da população turca nas ruas subindo em tanques e enfrentando soldados na tentativa do golpe militar de julho de 2016. A "primavera árabe" a partir de 2012 foi um campo fértil de imagens de resistência popular ao autoritarismo existente, desde países conflagrados como a Líbia, países divididos pela Guerra como a Síria ou silenciados pelo terror estatal, como o Egito.

Democracia. Esta estranha conhecida. O mundo ocidental a trata como ideal político. Evidente que a democracia moderna deve ser diferenciada daquela democracia dos antigos, onde havia um espírito coletivo[(14)], representado pela participação direta dos cidadãos na solução dos problemas comuns. A divisão Estado/sociedade civil fez com que as pessoas fossem aos poucos se despreocupando dos assuntos políticos, que diziam respeito a toda comunidade, deixando essa tarefa para o Estado administrador.

Foram os posteriores desmandos dos governantes que levaram o povo a buscar maior participação no governo, ainda que de forma variada no mundo ocidental, seja pelo sufrágio universal reivindicado pelos revolucionários da Bastilha, seja pelos mecanismos de controle externo da administração desde o *Bill of Rights*, de 1689, na Inglaterra.

John Hart Ely[(15)] observou que "numa democracia representativa, as determinações de valor devem ser feitas pelos representantes eleitos; e, se a maioria realmente desaprová-los, poderá destituí-los através do voto".

---

(14) ROSENFIELD, Denis L. *O Que é Democracia*. 5. Ed. São Paulo: Brasiliense, 1994,. p. 7-11.

(15) ELY, John Hart. *Democracia e desconfiança*. Uma teoria do controle judicial de constitucionalidade. São Paulo: Martins Fontes, 2010. 137.

Ney Bello Filho[16] analisou um ponto com enorme precisão: democracia não é apenas a vontade da maioria. Se assim fosse, usando as palavras do genial magistrado federal maranhense, uma sociedade com ampla maioria heterossexual poderia impor as piores condições à minoria homossexual, desde castigos habituais até a pena de morte, e a democracia significaria, infelizmente, a tirania da maioria contra a minoria.

Por isso não basta ter eleições em um país. A maioria pelo sufrágio universal é apenas um dos elementos necessários à realização democrática, inclusive a que traz a obrigação de proteger as minorias da eventual opressão da maioria. O Estado Democrático de Direito deve garantir a existência e efetividade de liberdade política, sufrágio universal, alternância e separação de poderes, constitucionalismo, legalidade, liberdade religiosa, de imprensa, liberdade sexual, liberdade de opinião, proteção dos direitos humanos, Judiciário livre, Parlamento plural, Ministério Público independente, Polícia técnica e equipada, além de outras coisas.

O que garante a igualdade na democracia é a lei. Dentro da estrutura kantiana do Estado, os cidadãos eleitores exercem seu direito de voto e elegem seus representantes, que fazem as leis, as quais todos são obrigados a cumprir. Se a norma jurídica não é boa, pode-se tentar mudá-la por um novo processo legislativo ou ir ao Judiciário tentar convencer um juiz sobre o defeito da lei; será o magistrado que dará razão ou não ao postulante.

A desobediência civil ao conjunto legislativo gera punições de variados tipos, de multas a prisões. Nos países democráticos não há um universo jurídico alternativo que permita contornar a lei e usá-la distorcidamente de modo conveniente. A via reivindicatória pode ser também a da política, com trabalho de convencimento de quem pode atender suas pretensões, no caso, os congressistas ou o chefe do Executivo.

A "quantidade de estado" em nossas vidas é determinante para saber onde estamos vivendo. "Pouco estado" abre espaço para o predomínio do neoliberalismo; "muito estado" abre espaço para ditaduras.

Nicos Poulantzas afirmava que é o "Estado de Direito, o Estado da lei por excelência que detém, ao contrário dos Estados pré-capitalistas, o monopólio da violência e do terror supremo, ***o monopólio da guerra*** (grifo do autor)" [17]. E continua ao dizer que "*toda forma estatal, mesmo a mais sanguinária, edificou-se sempre como organização jurídica, representou-se no Direito e funcionou sob forma jurídica; sabe-se muito bem que foi assim com Stalin em sua Constituição de 1937, reputada como* ***a mais democrática do mundo*** (grifo do autor)." [18]

---

(16) Ney Bello Filho. *Interlúdio*: pós-modernidade, direito e sociedade. São Luís: AML, 2012. p. 123.
(17) Id. *Ibid*. p. 87
(18) Id. *Ibid*. p. 87

J. J. Gomes Canotilho[19] afirma que é errado alguns autores dizerem que havia um "Estado de Direito fascista" para significar que naquele Estado havia uma ordem jurídica. Para o autor português, o fascismo é, na verdade, "um Estado de não Direito" porque ele mesmo se auto justifica, não carecendo de legitimação democrática. Da mesma forma "*a desesperada tentativa da 'Perestroika' de formar um Estado de Direito socialista demonstra que faltava o essencial de um Estado de Direito: a separação de poderes, a garantia de direitos e liberdades, o pluralismo político e social, o direito de recurso contra abusos dos funcionários, a subordinação da administração à Constituição, a fiscalização da constitucionalidade das leis*" [20].

Diz ainda Canotilho que "o *princípio básico do Estado de Direito é o da eliminação do arbítrio no exercício dos poderes públicos com a conseqüente garantia de direitos dos indivíduos perante esses poderes. No entanto, antes da afirmação deste princípio básico coloca-se sempre a marca da fundação. A história da fundação das comunidades humanas organizadas é muitas vezes uma história trágica assente num código binário de contradições, antinomias e exclusões: cidadão/estrangeiro, fé/heresia, temporal/espiritual, público/privado, amigo/inimigo, vontade geral/interesses particulares, inclusão/exclusão e direito/não direito*" [21].

Aprecio bastante o conceito canotilhiano de "Estado de não Direito" porque, como ele mesmo diz, é um projeto que se auto justifica, não precisa de legitimação democrática. Temos, assim, Direito e não-Direito, uma ruptura diáfana ao conceito kelseniano de legalidade. Ronald Dworkin também já havia criado uma fissura quando trabalhou os conceitos de Direito do bem e Direito do mal, em sua obra "O império do Direito", ao considerar o *Apartheid* como um crime contra a humanidade, afinal, aquilo era um regime "sob o manto de um direito do mal". [22]

Em todo aspecto, o indivíduo ficou por muito tempo relegado a um segundo plano, em nome dos interesses ditados pelo Estado, seja Socialista, de Direito ou Liberal. No verdadeiro Estado de Direito não basta haver mera inserção de direitos fundamentais em uma Constituição. A prova viva da existência ou não do próprio Estado democrático passa pelo estabelecimento de limites para o poder do Estado, a fim de que o indivíduo seja respeitado diariamente em suas particularidades.

Norberto Bobbio, quando tratou de Democracia, no seu Dicionário de Política, disse que:

> *Na teoria contemporânea da democracia confluem três grandes tradições do pensamento político: a) a teoria clássica, divulgada como*

---

(19) CANOTILHO, José Joaquim Gomes. *Estado de Direito*. Lisboa: Fundação Mário Soares – Gradiva Publicações, 1999. p. 16.

(20) Id. *Ibid*. p. 16

(21) Id. *Ibid*. p. 17

(22) DWORKIN, Ronald. *O Império do Direito*. p. 177.

> *teoria aristotélica, das* ***três formas de governo****, segundo a qual a Democracia,* ***como governo do povo****, de todos os cidadãos, ou seja, de todos que gozam os direitos de cidadania, se distingue da monarquia,* ***como governo de um só****, e da aristocracia,* ***como governo de poucos****; b) a teoria medieval, de origem romana, apoiada na* ***soberania popular****, na base da qual há a contraposição de uma concepção ascendente a uma concepção descendente da soberania conforme o poder supremo deriva do povo e se torna representativo ou deriva do príncipe e se transmite por delegação do superior para o inferior; c) a teoria moderna, conhecida como teoria de Maquiavel, nascida com o Estado moderno na forma de grandes monarquias,* ***segundo a qual*** *as* ***formas históricas de Governo*** *são essencialmente duas: a monarquia e a república, e a antiga Democracia nada mais é que uma forma de república.* (23)

Claude Lefort, quando pensou na chamada "aventura democrática", tratava a democracia em algo mais do que a possibilidade de votar e ser votado, da sociedade civil participar, por meio da representatividade, do Poder do Estado(24). A distinção entre Estado e sociedade civil é essencial para distinção entre a democracia moderna em confronto com o Ancien Régime(25), onde o Rei e a sociedade civil estavam unidos na ideia do "corpo político do rei" (26). Nessa metáfora o Rei e a sociedade estavam de tal forma misturados ('L'État c'est moi') que se poderia arriscar a dizer: "o que era bom ao Rei, também o era a sociedade" Claude Lefort pensou:

> *A Democracia só triunfou instituindo uma separação entre a sociedade civil, lugar das opiniões sem poder, e o Estado laico liberal, lugar do poder sem opiniões. Em prol desse sistema, o Estado sempre ganharia força, sob a fachada da neutralidade, e a sociedade civil enfraquecer-se-ia sem cessar, não deixando de ser o estrondoso teatro de opiniões que, por serem apenas opiniões de indivíduos, neutralizam-se. Entretanto, essa tese parece ser ao menos unilateral, pois leva-nos a ignorar o grande acontecimento que determina a formação de um poder neutro e, ao mesmo tempo, a formação de opiniões livres; quero dizer: desaparição de uma autoridade que sujeitava a todos e a cada um, desaparição do fundamento sobrenatural ou natural no qual residia essa autoridade e ao qual podia apelar para reivindicar uma legitimidade incontestável, um conhecimento dos fins últimos da sociedade e da conduta dos homens, para os quais eram atribuídos lugar e função particulares.* (27)

---

(23) BOBBIO, Norberto et al. *Dicionário de Política.* 8. ed. Brasília: UNB, 1995, v.01,p.319

(24) CHAUÍ, Marilena. *Representação ou participação*. Cultura e Democracia: o discurso competente e outras falas. 6. ed. São Paulo: Cortez, 1993, p. 273-308

(25) Cf. LEFORT, Claude *A Invenção Democrática*: Os Limites do Totalitarismo. 2 ed. São Paulo: Brasiliense, 1987, p. 237.

(26) Id. *Ibid.*

(27) LEFORT, Claude. *Pensando o Político*: ensaios sobre democracia, revolução e liberdade, São Paulo: Paz e Terra, 1991, p. 52.

Eduardo Rabenhorst observa que, apesar de diferentes contextos, a Revolução Americana e a Revolução Francesa legitimaram suas ações em um direito natural que asseguraria a liberdade e a igualdade entre todos os homens, fixando positivamente esses direitos em um texto constitucional. Na América, porém, mesmo havendo uma igualdade jurídica formal, esta negou por muito tempo os direitos sócio-políticos de mulheres, negros e minorias.(28)

J.J. Gomes Canotilho pensa que:

> *a protecção dos direitos econômicos, sociais e culturais é também indissociável de elementos juridicamente configuradores desse tipo de direitos. É diferente a perspectiva e o modo de alicerçar juridicamente os direitos sociais dentro de um enquadramento constitucional dotado de um catálogo individualizador de direitos sociais ou num enquadramento político-constitucional sem positivação constitucional desses mesmos direitos.* (29)

Antônio Carlos Wolkmer entende que:

> *Os direitos sociais não aparecerão de forma espontânea e acabada mediante processos democráticos, lutas populares e avanços da sociedade civil, sendo, portanto, muito mais resultante de imposições e resistências, concessões e favores no jogo estratégico das velhas elites oligárquicas.* (30)

Em 2010, no ranking internacional de democracia da agência britânica The Economist Intelligence Unit(31), o Brasil aparecia na 47ª posição (na edição de 2008 da lista o país estava em 41º lugar). Os países foram classificados em quatro categorias: as "democracias plenas", "as democracias imperfeitas", "os regimes híbridos" e os "regimes autoritários". O Brasil encontra-se no grupo das democracias imperfeitas.

Para a elaboração do ranking foram levados em consideração cinco elementos: "processo eleitoral e pluralismo, liberdades civis, o funcionamento do governo, participação política e cultura política".

Os dez países mais democráticos do ranking são, pela ordem, a Noruega (nota 9,80), Islândia, Dinamarca, Suécia, Nova Zelândia, Austrália, Finlândia, Suíça, Canadá e Holanda. O melhor da América Latina é o Uruguai, em 21º (nota 8,10). A própria Grécia, secular inventora da democracia, aparece em 28º lugar na lista, como uma democracia imperfeita.

---

(28) RABENHORST, Eduardo Ramalho. *Dignidade Humana e Moralidade Democrática*. Brasília: Brasília Jurídica, 2001. p. 35.

(29) CANOTILHO, José Joaquim Gomes. *Direito Constitucional e Teoria da Constituição*. 3 ed. Coimbra: Almedina, 1998. p. 444.

(30) WOLKMER, Antonio Carlos. *Constitucionalismo e direitos sociais no Brasil*. São Paulo: Acadêmica, 1989. p. 142.

(31) Lista completa em http://pt.wikipedia.org/wiki/%C3%8Dndice_de_Democracia

A Itália, abalada por processos internos de corrupção no governo, foi rebaixada e agora é uma democracia imperfeita (29º lugar). A nota média do Brasil em 2010 foi 7,12 (em 2008 foi 7,38). O Brasil foi bem avaliado em "processo eleitoral e pluralismo (9,58), liberdades civis (9,12) e funcionamento do governo (7,50), mas se saiu mal em participação política (5,0) e cultura política (4,38)". Sim, o Brasil é uma democracia, ainda que imperfeita! E isso não é de se estranhar, afinal, há pouco mais de duas décadas atrás vivíamos em uma ditadura militar. Formar cultura política sólida não é fácil. As eleições gerais de 2014 revelaram como pode ser confusa a linha entre "consciência democrática" e "fanatismo eleitoreiro". Enquanto houver compra e venda de votos, intimidação da imprensa, alienação coletiva, fanatismo ideológico e banalização de práticas antijurídicas, o Brasil corre o risco de continuar a ser uma democracia imperfeita.

The Economist afirma que a democracia está "em declínio" pelo mundo, após a chamada terceira onda de democratização (1974). Segundo a revista, "metade da população mundial vive em democracias. O padrão dominante em todas as regiões ao longo dos últimos anos tem sido o recuo em progressos atingidos anteriormente em democratização. A crise global financeira que começou em 2008 acentuou alguns padrões negativos existentes no desenvolvimento político".

A pesquisa observa que a permanência na América Latina de regimes populistas intimida a vigilância da imprensa e dos órgãos estatais de controle de legalidade, tal como ocorre nos regimes híbridos da Venezuela, Equador e Bolívia.

Na lista, o pior regime do mundo é a Coréia do Norte (167º). Não menos piores são Chade, Turcomenistão, Uzbequistão e Mianmar (antiga Birmânia). China (136º) e Cuba (121º) aparecem em destaque entre os regimes autoritários, sem liberdade de imprensa, de opinião e de sufrágio.

Se Israel é uma democracia imperfeita, a Turquia (em velada guerra civil com os curdos, abalada pelo golpe militar tentado em 2016 e envolvida na guerra da Síria) e a Rússia aparecem na categoria dos regimes híbridos, nem autoritários, nem democráticos, mas bem próximas do limite que as transformam em um regime plenamente autoritário. O Primeiro Ministro Putin diz que seu regime é uma democracia centralista; quase autocracia, diriam seus opositores.

Os Estados Unidos aparecem na 17ª posição. Defensores da democracia desde sua criação, sua reputação está seriamente manchada pelas ações nas recentes 'guerras santas' no Oriente Médio, na prática de tortura na base em Guantánamo e no fomento de golpes militares e de Estado mundo afora. A perseguição atual ao site Wikileaks e ao seu fundador Julian Assange revela parte disso. O 'Wikileaks Gate" escancara o que todo mundo sabe, mas a diplomacia tenta esconder: os bastidores dos jogos de poder, espionagem, trapaças políticas, interesses comerciais e seus jogos sujos.

Evidentemente, os Estados Unidos são uma democracia, a mais longeva das Américas, mas, ao longo da história, permitiram a prisão compulsória de americanos descendentes de japoneses na II Guerra Mundial (caso Korematsu vs. U.S. Gov.), discriminação racial oficial (caso Plessy VS. Ferguson), o Macarthismo, a doutrina Monroe e o apoio a ditaduras desde antes da Guerra Fria. Não é surpreendente o fato de tradicionais aliados dos norte americanos serem alguns dos piores regimes autoritários do mundo, caso da Arábia Saudita, Nigéria, Catar e Egito.

A democracia no conceito de Norberto Bobbio(32) permite a discordância equilibrada. A democracia deve sempre permitir e mediar os conflitos de interesse.

Sociedade sem diferença é laboratório autoritário.

## 2.1 Autoritarismo e totalitarismo

Devemos fazer uma distinção conceitual entre autoritarismo e totalitarismo, que são figuras com afinidade, sem serem sinonímicas, mas que negam todos os elementos típicos de um regime democrático e do estado social.

Na base do autoritarismo está, em regra, o desejo de um líder de amealhar poder absoluto, o que acaba por levar ao fanatismo e à intolerância, seja política, religiosa ou racial. É a chaga mais antiga e interior do ser humano, desde as cavernas, passando pelas fogueiras da Inquisição, Guerras Religiosas e pelas "faxinas étnicas" do Século XX.

Nas mãos do ditador está o destino, a vida e o sangue de milhões de perseguidos, que ousaram pensar de forma diversa do roteiro oficial. Somente por pensar, sem muitas vezes nem expressar suas idéias com palavras ou gestos, mas por ficar silente, por não vestir a roupa oficial indicada ou por ter nascido diferente do padrão estético ou racial oficial. O poder estatal pode criar no cotidiano diferentes graus de injustiça, violência, inconsciência política ou desigualdade de cada sociedade.

Os pilares básicos do totalitarismo, por sua vez, são o mono partidarismo, a ideologia, o controle dos mecanismos de propaganda e meios de produção econômica e, por fim, o terror permanente que mantém o regime. Na imposição do pensamento único, hermético, predeterminado pelo Estado, resulta em alienação, intolerância generalizada, muitas vezes instigada pela política adotada pela organização burocrática da sociedade.

A opressão do indivíduo, o medo, o grito que não sai da garganta é fruto do Estado degenerado, do Estado monstro, do Estado totalitário. Sua missão estará cumprida quando não houver mais resistência do indivíduo.

---

(32) BOBBIO, Norberto. *O futuro da democracia*. São Paulo: Paz e Terra, 2001. p. 34.

O conceito de totalitarismo apareceu no Século XX, historicamente após o surgimento de regimes fascistas na Europa, na década de 20. Inicialmente ligado apenas ao fascismo, o totalitarismo logo seria associado tanto às ditaduras fascistas ou comunistas que brutalmente reprimissem as liberdades do homem dentro da sociedade, impondo uma ideologia calcada sob a vontade de um ditador. Daí surgem questões básicas: qual o papel do homem perante o Estado? Há um limite para o poder do Estado?

Nas raízes totalitárias está a ambição do poder eterno, algo que persegue a Humanidade desde seu berço. Também está lá a intolerância política, étnica ou religiosa, bem como uma ideologia rígida, que estabelece uma conduta social pré-determinada pelo Estado.

Hannah Arendt, em "***Origens do Totalitarismo***", considerada uma das obras fundamentais acerca do tema, disse que:

> *O totalitarismo é uma forma de domínio radicalmente nova porque não se limita a destruir as capacidades políticas do homem, isolando-o em relação à vida pública, como faziam as velhas tiranias e os despotismos, mas tende a destruir os próprios grupos e instituições que formam o tecido das relações privadas, tornando-o estranho assim ao mundo e privando-o até de seu próprio eu* [(33)].

A filósofa alemã identificou na essência do totalitarismo dois elementos básicos: ideologia e terror. Na ideologia, em geral calcada em um partido único, a vontade do ditador é a lei e a organização partidária tende a cumprir suas ordens. A ideologia é divulgada incessantemente através da crença elitista na superioridade racial, esportiva, bélica etc. Ao mesmo tempo, o terror é garantido pela atuação de uma Polícia Política, como a Gestapo ou SS na Alemanha hitlerista, a quem incumbia criar uma rede de informação, onipresente, em que cada indivíduo seja um informante e todos vigiem os passos de todos os outros, criando uma malha viva de intrigas e medo [(34)].

Nicos Poulantzas[(35)] entende que as formas totalitárias como fascismo, ditaduras militares ou bonapartismo[(36)] constituem nas sociedades ocidentais formas específicas que designou por Estado de exceção, bem diferentes dos Estado democrático-parlamentares.

Lembrou Poulantzas:

> *o totalitarismo moderno, na forma fascista ou outra qualquer, não é mero "fenômeno", que se prende unicamente à conjuntura da luta das classes. Tais conjunturas podem propiciar o aparecimento do*

---

(33) ARENDT, Hannah. *Origens do Totalitarismo*. São Paulo: Companhia das Letras, 1998. p. 445.

(34) Op. cit. p. 445.

(35) Op. cit. p. 83

(36) Apenas Poulantzas inclui o regime de Napoleão como forma totalitária.

*totalitarismo moderno, porque as raízes do mal são mais profundas, instaladas no seio das relações de produção, da divisão social do trabalho, da ossatura material do Estado.*

*Contrariamente a todas as ideologias antigas ou novas do totalitarismo, a emergência efetiva das formas totalitárias do Estado não é um mero desabrochar desses germes e não pode de modo algum ser explicada dessa maneira, pois depende da luta de classes em toda a sua complexidade* [(37)].

Antonio Gramsci, a partir do conceito marxiano de base econômica e técnica, interpretou a categoria da superestrutura política e ideológica, considerando-a como Estado ampliado, no sentido integral, composto por dois momentos dialeticamente articulados: sociedade política ('governo de funcionários') e sociedade civil ('autogoverno'), desenvolvendo também o enfoque da extinção do Estado representativo burguês moderno, através de uma doutrina que concebia o Estado capitalista como passível de ser ultrapassado – de se resolver na sociedade regulada, onde ocorre num Estado ético a superação da sociedade política pela sociedade civil. [(38)]

O totalitarismo está calcado em um sistema monopartidário, de ideologia criada à imagem do ditador, que controla a sociedade e os mecanismos de força e informação, mediante o uso do terror policial, impondo um brutal regime de repressão aos habitantes. Melhores exemplos são a Alemanha nazista e a União Soviética stalinista.

No autoritarismo há uma aparente normalidade no funcionamento das instituições. É permitida uma vigiada e contida "oposição" eleitoral[(39)]. Tudo falso.

Em regra, se o regime é de esquerda, a "oposição" também será de esquerda; se o regime é de direita, a "oposição" também será de direita; por exemplo: MDB e Arena, no Brasil; Blancos e Colorados no Uruguai; Peronistas e União Cívica Radical na Argentina etc. O governo autoritário vende a imagem de uma democracia plena, ainda que seus porões estejam manchados de sangue e as masmorras repletas de prisioneiros de consciência. Ou seja, também é um regime que faz uso constante da força militar e policial, ainda que o terror não seja tão generalizado como ocorre no totalitarismo.

Ambos são regimes mantidos por elites econômicas ou intelectuais, ainda que no caso do totalitarismo de esquerda tais grupos possam ter vindo de classes sociais mais baixas, antes de tomar o poder.

Com maior ou menor variação, em ambos os regimes há um suposto Direito de acesso do cidadão ao Judiciário, dito independente e imparcial. Mas o Judiciário é

---

(37) Id. *Ibid.* p. 84.

(38) GRAMSCI, Antonio. *Maquiavel, a Política e o Estado Moderno.* Rio de Janeiro: Civilização Brasileira. 1984, p. 147-149. p. 148

(39) Uma coisa é a verdadeira oposição ao regime político, que, em regra, só ocorre durante os intervalos democráticos ou na clandestinidade do autoritarismo ou totalitarismo; outra, bem diferente, é a disputa por poder interno, camuflada sob a aparência de oposição livre, mas que é apenas disputa eleitoral.

apenas legitimador da vontade do Estado (no autoritarismo) ou do próprio líder (no totalitarismo), não prestando para garantir Direitos básicos a ninguém [40]. No autoritarismo e no totalitarismo é permitida a existência de uma organização Judiciária, que pode até mesmo prever o funcionamento de uma Suprema Corte Constitucional[41].

A história, quanto à legalidade, registrou que na Alemanha hitlerista continuou em vigor a aclamada Constituição de Weimar, marco do Direito social, de 1919. Essa Constituição, evidentemente, ficou como moribunda frente aos desmandos nazistas, que não se importaram em criar inúmeras leis e decretos, diametralmente contrárias às normas constitucionais, com expurgos de direitos políticos, perseguição a judeus, eslavos, ciganos e outras raças tidas como inferiores.

Na União Soviética também havia uma Constituição, que a exemplo da Constituição alemã de Weimar, era apenas de fachada. E a tal ponto, que, com exceção de Vishinski, todos os demais autores da Constituição foram executados como traidores do Estado por ordem direta de Stalin[42].

Na URSS, o Judiciário estava ligado diretamente ao Partido Comunista e sob controle do Soviete Supremo[43]. Era composto por juízes que não precisavam ser juristas, tanto que a quase totalidade dos juízes eleitos por sufrágio universal, eram membros do Partido Comunista[44].

No totalitarismo, a violência civil é quase inexistente, ante o medo imposto à população pelo sistema policial de informação, vigilância e repressão. A violência é propriedade exclusiva do Estado[45]. Já no autoritarismo, vide as ditaduras militares da década de 70, há certa conivência com a violência privada, até mesmo quando é do interesse dos governantes o uso de mecanismos como grupos de extermínio, milícias, tráfico de drogas, lavagem de dinheiro, máfia, prostituição etc. [46].

---

(40) Vide as fabulosas imagens do filme "**Z**", de Costa-Gavras, sobre a conivência do Judiciário Grego com a ditadura militar na década de 60. Do mesmo diretor é notável também o filme "Missing – desaparecido", sobre a tortura e morte nos porões do Chile do ditador Pinochet.

(41) Tribunais que evidentemente podem ser fechados a qualquer momento em nome da "vontade popular". Vide Fujimori no Peru etc. etc.

(42) ARENDT, Hannah. Op.cit. p. 445.

(43) DAVID, René. *Os grandes sistemas do Direito contemporâneo.* São Paulo: Martins Fontes, 1996. p. 206.

(44) Id. *Ibid.* p. 223.

(45) **Laranja mecânica**, livro de Anthony Burguess, magistralmente filmado por Stanley Kubrick contém imagens fortes da violência estatal. Lá, a violência juvenil intersubjetiva, de início assustadora, aparece em confronto com a ultra violência estatal, em que o aparelho estatal repressor faz com que o indivíduo não possa resistir ao poder do estado onipotente e brutal. O filme, de 1971, foi pro*ibid*o pela ditadura militar no Brasil e só foi ex*ibid*o sem cortes na década de 80. A violência em Laranja mecânica foi analisada com o brilho habitual por Agostinho Ramalho, no ensaio "*E agora, Alex, há Lex*?", nesse mesmo livro.

(46) Parte da violência urbana no Brasil é reflexo direto de políticas públicas equivocadas da ditadura militar de 64, com o Dops perseguindo intelectuais e o poder do tráfico de drogas aumentando nas sombras e nas prisões.

Um ponto comum às duas formas de dominação é que ambas podem ser tanto de direita quanto de esquerda. Nesta ótica, por exemplo, podem ser indicados: como autoritarismo de direita, o Chile sob Pinochet; autoritarismo de esquerda, Cuba pós Fidel; totalitarismo de esquerda, a Romênia de Ceaucescu; totalitarismo de Direita, a Alemanha de Hitler.

No totalitarismo de esquerda (URSS, Coréia do Norte, China de Mao, países da Cortina de Ferro etc.) a base de sustentação econômica está no proletariado urbano e rural (camponeses e artesãos). No totalitarismo de direita, a base econômica está na burguesia e na antiga elite dirigente, que passa a atuar como um instrumento da política totalitária do Estado(47).

Também a morte do ditador pode levar ao fim do totalitarismo ou autoritarismo. No totalitarismo, a morte do líder foi chamada por Hannah Arendt de "destotalitarização" (48). Ela afirmou que o regime totalitário alemão teve seu fim com a morte de Hitler, em 1945 (a Alemanha continuou em guerra por poucos dias após a morte dele), tendo o mesmo ocorrido na URSS, em 1953, com a morte de Stalin e a leve abertura política de Nikita Kruschev, que denunciou os crimes do ditador. Em países que viveram sob o manto autoritário, como na Espanha de Franco ou em Portugal de Salazar, a morte dos ditadores fascistas também apressou o fim do regime.(49)

A ideologia do totalitarismo está calcada na imagem e vontade do ditador, muitas vezes construída sobre um inimigo externo e virtual. No autoritarismo sobressai uma doutrina da Segurança Nacional, destacando-se um alvo como inimigo, tipo os "comunistas", "os fascistas", "o capital estrangeiro", os "imperialistas", os "antigos dirigentes" etc.

O controle de informação e conhecimento é tratado de forma diferenciada nos dois regimes. O totalitarismo tem controle sobre todos os meios e impõe sua versão da realidade, mascarando-a, alterando-a ou omitindo-a, divulgando apenas o que quer, quando quer e para quem quer. Não dá opção ao povo, pois se coloca como o único caminho existente, tão "perfeito" que não permite imaginar outra realidade.

O autoritarismo tenta justificar-se como a escolha ideal do povo, usando artifícios de marketing político em que as demais formas políticas, econômicas ou de pensamento, não são comparáveis a si. No totalitarismo não há opção: o totalitarismo é a própria e única realidade.

A idéia de totalitarismo, apesar de rudimentos históricos já apontados, veio mesmo no Século XX, principalmente após o surgimento de regimes fascistas na

---

(47) STOPPINO. Op. cit. p. 1253.

(48) Id. *Ibid.* p. 1257.

(49) A pobre Coréia do Norte ainda não teve essa sorte. Após a morte do ditador Kim Jong I, em 2011, assumiu seu filho, Kim Jong II, "reeleito" em 2016 com 100% dos votos.

Europa, na década de 20. O conceito de totalitarismo estava inicialmente ligado apenas ao fascismo, mas passou depois a ser associado às ditaduras fascistas ou comunistas que atomizavam o homem dentro da sociedade.

Carl J. Friedrich e Zbigniew Brzezinski definem o totalitarismo com base em seis traços característicos que podem ser encontrados na organização dos regimes totalitários: ideologia oficial; partido único de massa; um sistema de terrorismo policial; monopólio dos meios de comunicação nas mãos do partido; controle dos instrumentos de luta armada e tecnologia pelo partido; e controle da economia e de todas as unidades produtivas.

Mario Stoppino analisa uma diferença fundamental entre a teoria de Hannah Arendt a de Friedrich / Brzezinski: segundo o autor italiano, para H. Arendt o fim essencial do totalitarismo era o da transformação da natureza humana em uma massa de autômatos absolutamente obedientes; inobstante, os outros dois pensadores não verificam nenhum fim essencial no totalitarismo, mas, sim "uma síndrome totalitária", consistente em um conjunto de traços comuns aos regimes totalitários(50).

Lembra ainda Stoppino a classificação de Raymond Aron, que incluía um partido que monopolizava a atividade política, uma ideologia que se torna a verdade oficial do Estado e a instauração de um terror ao mesmo tempo policiesco e ideológico(51).

Mario Stoppino(52) aponta três condições principais para o aparecimento do totalitarismo: "*a formação da sociedade industrial de massa, a persistência de uma arena mundial dividida e o desenvolvimento da tecnologia moderna*". A industrialização gera insegurança social, divisão de classes e seus efeitos ameaçadores são sentidos na sociedade.

Norberto Bobbio lembra que o "*totalitarismo é a versão atualizada, revista, corrigida e agravada do despotismo, sendo que o totalitarismo é um despotismo não apenas político, mas também econômico e ideológico*".(53)

Hannah Arendt considerou como regimes Totalitários apenas a Alemanha de Adolf Hitler, após 1938, e a União Soviética de Josef Stalin, após 1930.

Por isso, embora ambas sejam formas perversas de dominação política, pode-se dizer que o totalitarismo está em um nível muito mais repressor, pois além de eliminar as resistências oposicionistas reais, como faz o autoritarismo, e de também implantar um sistema de repressão policial, seu conteúdo ideológico mais radical

(50) Op. cit. p. 83

(51) *Apud* BOBBIO, Norberto et al. *Dicionário de Política*. Op. cit. p. 1249.

(52) Id. *Ibid*. p. 1258.

(53) BOBBIO, Norberto. *Igualdade e Liberdade*. Rio de Janeiro: Ediouro, 1997. p. 84

acaba por tentar impor-se como única solução para a sociedade, criando um ambiente paranóico e permanente de vigilância e terror [54].

## 2.2 Alemanha nazista

A Alemanha nazista é, ao lado da URSS stalinista, o maior paradigma totalitário da história. Hitler tornou-se chanceler em 1933 e instalou o chamado III Reich, na verdade uma ditadura totalitária, calcada na ideologia da supremacia da raça ariana e do anti-semitismo.

Apesar de similar ao fascismo de Mussolini na Itália[55], o nazismo apresentou vertentes muito mais pavorosas, pois Hitler conseguiu implantar rapidamente um regime de terror apoiado na atuação brutal da SS e da GESTAPO, que faziam o papel de polícia ostensiva e polícia política. Minorias foram intensamente perseguidas (notoriamente os judeus alemães, ciganos e homossexuais); intelectuais[56] e oposicionistas tiveram reduzidas ou cassadas as liberdades civis e políticas.[57]

Tudo girava em torno da ideologia do partido nazista, que contrariando as proibições do Tratado de Versalhes, resolveu remilitarizar o país, levando a Alemanha à 2ª Guerra Mundial, entre 1939/1945, cujos resultados desastrosos são notórios: um saldo trágico de mais de 60 milhões de mortos, mutilados, o holocausto de seis milhões de judeus, cidades e economias arrasadas e milhões de refugiados.

## 2.3 União Soviética stalinista e a Cortina de Ferro

Stalin governou a antiga URSS entre 1928 e 1953, quando morreu. Seu governo esteve calcado nas premissas básicas do totalitarismo (terror policial, controle de informação etc.), principalmente após o assassinato de Kirov, dando início, a partir de 1936, a uma série de expurgos políticos e eliminação de oposicionistas a seu governo. Stalin conseguiu impor um "culto à personalidade", verdadeiro processo de seu endeusamento.

---

(54) Ao contrário do fisiologismo de ditadores autoritários de ocasião, vide o exemplo de Suharto, na Indonésia em 1998, derrubado pelas bolsas de valores internacionais, após três décadas de domínio político auxiliado pelo EUA contra o inimigo comum: o comunismo.

(55) Que segundo Hannah Arendt não consegue ser de fato totalitário, por isso deixamos de mencioná-lo mais detidamente.

(56) Walter Benjamin, Bertolt Brecht, Hannah Arendt, Einstein e tantos outros exilados do regime.

(57) Tratando sobre as cinzas do pós-guerra na Alemanha, merece lembrança a obra **"O Tambor"**, de Günter Grass (Prêmio Nobel de Literatura de 1999), em linguagem muitas vezes surreal sobre a atomização da vida em um regime de força.

Segundo Eric Hobsbawm[58], a URSS sob Stalin não chegou a ser exatamente totalitária, mas afirma que ele conseguiu concentrar em suas mãos um poder impressionante.

Os crimes cometidos sob o governo de Stalin foram denunciados por Nikita Kruschev em 1956, durante o XX Congresso do Partido Comunista, iniciando a nova orientação da política soviética, intitulada "O Degelo".[59]

A ***Cortina de Ferro*** foi a designação dada aos países de influência comunista soviética na Europa central e oriental, após a 2ª Guerra, quando da repartição de fronteiras entre os vencedores da guerra. Estavam incluídos nesse conceito a própria URSS, Alemanha Oriental, Polônia, Hungria, Checoslováquia, Romênia, Bulgária e Alemanha Oriental, além da Iugoslávia, não alinhada com Moscou, e da Albânia, ligada aos comunistas chineses. Ou seja, a ***Cortina de Ferro***[60], passou a ser sinônimo de países comunistas, que, por conta de regimes políticos fechados, totalmente satelitizados em relação a Moscou, foram tidos como experiências totalitárias, conceito bastante apropriado, por exemplo, se resgatadas as lembranças do regime de terror implantado na Romênia por Nicolau Ceaucescu (entre 1965 e 1989) e sua polícia política, a ***Securitate***.

Para Carl J. Friedrich e Zbigniew Brzezinski, além da Alemanha nazi e da URSS stalinista, também foram totalitários o fascismo italiano, o regime comunista chinês e os regimes comunistas do Leste Europeu[61].

## 2.4 Ásia Oriental

Na Ásia Oriental, após a 2ª Guerra Mundial, já na polaridade da Guerra Fria, da mesma forma como regimes fascistas de direita foram implantados com ajuda americana, francesa e britânica (como na Indonésia ou Coréia do Sul), também apareceram regimes totalitários, sob o terreno fértil do endurecimento nas relações com o Ocidente capitalista. Foi o caso do Camboja, China e Coréia do Norte[62].

---

(58) HOBSBAWM, Eric J. *Era dos extremos* – o breve Século XX : *1914-1991*. São Paulo: Companhia das Letras, 1998. p. 240.

(59) AQUINO, Rubim Santos Leão de et al. *História das sociedades*: das sociedades modernas às atuais. Rio de Janeiro: Ao Livro Técnico, 1983.

(60) Relembrando que Hannah Arendt não os considerava totalitários.

(61) BOBBIO, Norberto et al. *Dicionário de Política*. Op. cit. p. 1249.

(62) A Coréia do Norte é o último bastião do pensamento ortodoxo de extrema esquerda. Ainda que seja muito pobre é extremamente militarizada, portadora de arsenal nuclear e apta a entrar em guerra com seus vizinhos da Coréia do Sul, com quem está em estado suspenso de guerra desde o fim da Guerra da Coréia (1950-53).

O Camboja, entre 1975 e 1979, esteve sob o controle do grupo ***Khmer Vermelho***, de inspiração maoísta. Comandado por Pol Pot um dos maiores carniceiros da história, o ***Khmer Vermelho*** implantou um sistema de evacuação geral das cidades e remoção compulsória para fazendas coletivas no interior, perseguição a intelectuais e profissionais liberais, médicos, enfermeiros, advogados etc., sob um custo aproximado de dois milhões de mortos pelo terror armado. O ***Khmer Vermelho*** esteve no poder até 1979, quando o país foi invadido por tropas vietnamitas. Pol Pot foi morto na selva cambojana em 1998, após ser condenado à prisão perpétua pelos próprios ex-aliados do ***Khmer Vermelho***, que, aliás, já estava reduzido a poucos combatentes.(63)

Eric Hobsbawm lembra que, após sua queda, o ***Khmer Vermelho*** continuou tendo apoio da China e dos EUA, por evidentes motivos anti-soviéticos e anti-vietnamitas, que apoiavam os adversários políticos do ***Khmer***, no que intitula "um dos mais deprimentes episódios da diplomacia".(64)

A **China** de Mao Tse Tung, após janeiro de 1949, foi um perfeito exemplo do totalitarismo. Com sua ideologia rígida, apoiada na polícia política e coletivização dos meios produtivos, inicialmente com o chamado "grande salto para o futuro" (58/60), mas principalmente com a "Grande Revolução Cultural Proletária" (entre 1966 e, oficialmente, porém já mais moderada, 1976), cujo objetivo externo era o de aumentar a produção econômica.

Os "Guardas Vermelhos", composta inicialmente por milhões de estudantes, promovem a perseguição política, tortura, espancamento e morte de opositores, algo que será depois a tônica do regime, empreendendo uma "reeducação doutrinária das massas e de instituições" (65).

Essa China deu lugar ao atual sistema híbrido (capitalista/comunista – Hong Kong/Macau e China) de um país/dois sistemas, faltando apenas envolver Taiwan nesse processo, a quem os chineses atribuem o status de província rebelde.

## 2.5 O Macarthismo nos EUA

Os EUA não viveram, claro, sob nenhum regime ditatorial, desde sua independência no final do século 18. Ao contrário, seu modelo de organização democrática federalista ainda inspira a construção política de diversos países.

---

(63) O premiado filme **Os gritos do silêncio** (The Killing Fields), de 1984, dirigido por Roland Joffé, retrata o Camboja devastado pelo Khmer Vermelho.

(64) Op. cit. p. 438

(65) Op. cit. p. 319

Inobstante, no início da década de 50 do século XX, já durante a Guerra Fria, nos EUA, o Senador Joseph McCarthy conseguiu instalar um policialesco clima de terror no país, por meio de uma comissão permanente de investigação de atividades anti-americanas. Esse momento ("red square" ou terror vermelho) gerou a doutrina chamada de "macarthismo", que tinha conteúdo nacionalista extremado, de perseguição ideológica a socialistas, comunistas ou qualquer grupo ou indivíduo que desviasse seu ponto de vista do estabelecido pelos padrões ditados pela média da moral americana nos anos 50.

Um clima de histeria tomou conta do país. Bastava uma denúncia anônima para alguém ser perseguido e processado sumariamente. Centenas de artistas, cientistas e intelectuais estrangeiros perderam seus empregos, foram humilhados publicamente e outros mais foram expulsos do país, sob argumento de serem simpatizantes comunistas. Artistas consagrados, como Charles Chaplin, foram perseguidos nos EUA. Cientistas como Julius R. Oppenheimer foram humilhados. David Bohm se mudou para o Brasil depois da perseguição. Barbara B. Geddes fugiu do país.

O maior inimigo aberto de McCarthy foi o jornalista Edward R. Murrow, da CBS, que não cansou até provar que o senador estava mentindo em suas acusações a fim de tirar proveito eleitoral.[(66)]

Eric Hobsbawm afirmou que na verdade as medidas tinham conteúdo tipicamente eleitoral, em busca da simpatia da opinião pública, que gostava do embate entre os EUA capitalistas e a URSS comunista [(67)].

Segundo Hannah Arendt, havia tendências nitidamente totalitárias no macarthismo, "claramente na tentativa de não apenas perseguir os comunistas, mas de forçar todo cidadão a provar que não era comunista". [(68)]

Não se pode dizer que os EUA implantaram um regime totalitário naquela época, até porque houve grande resistência interna, até que o senador caiu em descrédito. Mas, tal fato merece registro, principalmente porque o patrulhamento ideológico criou um ambiente paranóico na sociedade americana, auto proclamada a mais democrática do mundo, que apenas o revisionismo histórico pôde curar.

O mais importante: o macarthismo deixou ligado o alerta de que, mesmo em um país livre e democrático como os EUA, uma histeria coletiva, com apoio de parte da imprensa, da sociedade e da classe política, pôde causar uma perseguição política com danos irreparáveis a vidas inocentes.

---

(66) brilhantemente homenageado pelo diretor George Clooney, no premiado filme "**Boa noite e boa sorte**", de 2005.

(67) Op. cit. 232. p. 276

(68) Op. cit. p. 406.

# 3. Distopia, ficção e cinema

Chegamos ao ponto de maior interesse: a distopia na ficção e no cinema. Penso que a maioria dos filmes e livros nem possui a intenção de discorrer sobre o conceito de Estado de Direito, mas ao retratar visões de sociedades distópicas o resultado acaba mostrando a negação do Direito: perseguição política, racial e social, dor, morte e sofrimento; ou seja, o inverso do que se deseja em regimes democráticos.

Películas recentes como **"A Onda"** e **"Expresso do amanhã"** tratam de situações pontuais em que não é o estado o responsável pelas vilanias, porém, indivíduos, quer por vaidade intelectual (do professor Rainer Wenger) ou pequeneza espiritual (de Wilford), respectivamente, que acabam criando ambientes autoritários e situações absurdas em relações privadas, que saem totalmente do controle, com resultados trágicos.

Quando Max Rockatansky enfrentava as gangues em Mad Max era por liberdade que ele lutava.

Quando Flash Gordon lutava contra Ming, o Impiedoso, ele lutava por preceitos democráticos, como liberdade e justiça. E estamos tratando de um herói ficcional do final dos anos 20.

The Handmaid's Tale, de Margaret Atwood, traz uma advertência ao risco do fundamentalismo religioso. A República de Gilead, uma terrível realidade alternativa aos EUA, transformou as mulheres em escravas sexuais, sem direitos civis e totalmente submissas à vontade dos governantes autoritários. Em quantos países do mundo há fanáticos religiosos e políticos que praticam feminicídio diariamente?

Mesmo séries juvenis recentes como (os bons) Jogos vorazes e (a péssima) Divergente trazem na essência uma luta resistente contra regimes autocráticos, centralizada na liderança das jovens Katniss Everdeen e Triss Prior, respectivamente, contra seus brutais regimes autoritários.

E até no famoso sermão que Obi Wan Kenobi deu em Anakin Skywalker, após derrotá-lo e deixá-lo mutilado no planeta Mustafar, aparece no ápice a ideia da luta pela **democracia!** [(69)]

Selecionei algumas obras que retratam sociedades distópicas para exemplificar o tema.

---

(69) Star Wars 3 – a vingança dos Sith. Obi Wan disse: "– *Anakin, lutávamos por democracia! Não para você virar um tirano*". Como Star Wars se passa em uma galáxia distante há muito tempo atrás, resta a dúvida se os gregos criaram mesmo a democracia antes do Senado de Coruscant. (risos do autor).

## 3.1 *Fahrenheit 451*

***Fahrenheit 451***, escrito por Ray Bradbury e filmado por François Truffaut em 1966, desenvolve uma visão sombria da opressão em um tempo e lugar incertos, no qual o governo tenta controlar a sociedade queimando todos os livros existentes, sob o argumento de que os livros oprimem o povo. A marca singular é que os encarregados da tarefa eram bombeiros (!), pois a temperatura de 451 graus Fahrenheit é o ponto de combustão ideal para queimar papel, reduzindo-o a cinzas.

Aqui, as casas são à prova de fogo e o papel dos bombeiros, paradoxalmente ao queimar livros, equivale ao de uma polícia política, limitando a liberdade de consciência do indivíduo. Quem transgride normas básicas de conduta, como ter um livro em casa, corre o risco de prisão ou mesmo pena de morte. O clima é de paranóia e delações secretas (como a da esposa que entrega o próprio marido).

A rede de informações organizada pela Polícia Política (bombeiros) garante a constante vigilância e medo dos habitantes, que guardam em segredo seus livros proscritos, com pavor da condenação estatal, que pode consistir em execução sumária, como uma velha senhora que, no belo filme de François Truffaut, por recusar-se a entregar seus livros aos vigilantes, morre queimada juntos com eles, na casa em chamas.[(70)]

A consciência em uma sociedade assim só aparece após um momento de curiosidade e de transgressão individual, em que ao libertar-se desses padrões rígidos de conduta, supera-se a alienação imposta pelo governo e passa-se a viver sem as limitações originais.

Lutar contra os abusos do Estado e o terror do totalitarismo é tentar garantir a liberdade de consciência da Humanidade, preservando a identidade de cada indivíduo, livre da ideologia e do medo.

Superar as monstruosidades do totalitarismo não é apenas esquecê-las, mas aprender todas as árduas lições para que a Humanidade não volte a repetir tais erros.

Talvez o mais inquietante em Fahrenheit 451 seja seu senso de plausibilidade, afinal, tantos ditadores já queimaram livros ao longo da história. Nazistas fizeram isso. A ditadura brasileira proibiu livros. Em pelo menos vinte países no início do século 21 há livros proscritos e penas cruéis para quem for pego com um exemplar. Ray Bradbury não exagerou em sua distopia.

---

(70) ***Equilibrium*** é outro filme que parte do mesmo prisma de Fahrenheit 451. Em um futuro pós-III Guerra mundial, o agente John Preston, do Clero Grammaton, vivido pelo ator Christian Bale, responsável pela perseguição e eliminação de dissidentes, acaba adquirindo lucidez e rebelando-se contra o regime totalitário.

A memória viva nos homens-livro, ao final, não nos deixa perder a esperança de que as gerações futuras tenham um legado de conhecimento, ainda que pela velha tradição oral.

## 3.2 1984

George Orwell escreveu ***1984***, em 1948 (daí a inversão dos números finais para um futuro e distante 1984 – para nós já um passado longínquo). O livro é, na verdade, uma crítica ao Stalinismo, com sua fachada rígida e intolerante, cujos crimes ainda não haviam sido denunciados abertamente.

A leitura de ***1984*** impressiona pela ambientação sombria de um Estado[(71)] que tudo controla, mediante vigilância eletrônica em cada recinto, casa, trabalho ou rua. É um livro cujo enredo está cada vez mais atual, ante a capacidade tecnológica que permite hoje a vigilância ininterrupta por teletelas e micro-câmeras, escutas telefônicas, satélites etc. Nunca um dos pilares do totalitarismo foi tão bem explorado quanto o poder de vigilância do Estado, ou em seu nome. A cibernética domina o homem.

O Estado orwelliano é tão monstruoso e pretensioso na tentativa de tudo controlar, que chega até a criar o "Ministério do Amor" (!!), encarregado de impor limites à ordem e determinar a vida afetiva de seus habitantes[(72)]. Havia também o "Ministério da Verdade", a "Polícia do Pensamento" e o Ministério da Paz (que tratava da guerra!), além do Ministério da Fartura.

O resultado é um livro perturbador, repleto de citações sombrias de vidas vegetativas, sem sentido e sem rumo, tudo sob o controle do "Big Brother". O Grande Irmão-Estado, que criou uma "novilíngua" para seus habitantes, conseguia mudar até mesmo a história passada com o marketing político. Da mesma forma, usava ardilosamente virtuais vitórias em guerras distantes para unir forçosamente os habitantes contra um inimigo externo, criando um sentimento de apego nacional contra "eles", quem quer que fossem.

A brutalidade com que o "Big Brother" pune os amantes do enredo, Winston e Julia, que ousam apaixonar-se sem a permissão do "Ministério do Amor" é aterrorizante, criando um clima claustrofóbico, insuportável, transmitindo a sensação da repressão e da frieza do regime[(73)].

---

(71) Supostamente a própria Inglaterra, já que a estória se passa em uma Londres fictícia.

(72) Tema semelhante é abordado em ***Admirável Mundo Novo***, de ALDOUS HUXLEY, que imagina um Estado pós-fordista, que controla até a natalidade e a continuidade da vida, em uma sociedade asséptica e rigidamente vigiada. GATTACA – a experiência genética, filme escrito e dirigido por Andrew Niccol, vai pela mesma linha de uma sociedade autoritária, baseada na eugenia e na supremacia genética.

(73) ORWELL, George. *1984*. São Paulo: Civilização Brasileira, 1977.

*1984* foi muito bem adaptado ao cinema (em 1984), dirigido por Michael Radford, sendo estrelado por John Hurt e Richard Burton (em um de seus últimos filmes). A fotografia escura e a bela trilha sonora do grupo inglês Eurythmics geram uma dimensão atomizante do pensamento orwelliano.

## 3.3 A Revolução dos Bichos

George Orwell, em **"A Revolução dos Bichos"** (74), criou uma suposta fábula em que os animais se revoltam e tomam de assalto a fazenda onde vivem, expulsando o antigo dono, Mr. Jones, passando a comandar o lugar. Os porcos se apressam em assumir o comando e logo um deles, de nome Garganta, será o mais poderoso. Usando artifícios como confundir o passado com o presente, impedindo a reflexão dos animais, Garganta impõe-lhes as maiores privações e repressão, lembrando sempre que por pior que seja o presente, pior seria se Mr. Jones voltasse, criando um sentimento coletivo de que então o novo é melhor do que o velho. Mas a partir da dominação básica os porcos impõem um regime de terror pior do que o antigo.

Orwell fez uma dura crítica aos rumos da Revolução Russa de 1917(75), insurgindo-se contra a ditadura instalada, que em nome da imposição do novo regime, violou frontalmente direitos básicos do povo, impondo-lhe terríveis sacrifícios.

Ao trabalhar com os conceitos de domínio absoluto do povo pela imposição ideológica, repressão política e controle dos atos e informação, Orwell deixou uma obra fundamental, repleta de elementos típicos do totalitarismo, em uma atmosfera sombria e angustiante, propositalmente idealizada. Um libelo contra a alienação e dominação ideológica.

## *3.4 Star Trek (Jornada nas Estrelas – a* série clássica)

"Star Trek (Jornada nas Estrelas)", cuja edição original durou de 1966-1969, é aclamada mundialmente por vários fatores. Ela esteve muito à frente de seu tempo ao retratar as viagens espaciais da USS Enterprise, composta por uma tripulação multi-étnica (com oficiais americanos, asiáticos, negros, russos, vulcanos...). Star Trek trouxe muitos conceitos visionários para a década de 60, que já viraram realidade, como tablets, celulares flips, computadores de enorme capacidade de processamento, tradutores universais e scanners de medicina avançada.

A obra em si já continha preceitos democráticos preciosos, como convivência pacífica e respeito à diversidade. O primeiro beijo inter-racial da TV norte-americana

---

(74) ORWELL, George. *A Revolução dos bichos.* Rio de Janeiro: Globo, 1995.

(75) Mr. Jones / Nicolau II é pior do que Garganta / Stalin ?

ocorreu em Star Trek, entre o capitão James T. Kirk e a tenente Nyota Uhura, um escândalo em plena década de 60, quando Martin Luther King tinha seu sonho de igualdade racial interrompido por um tiro fatal em Memphis.

Os *Trekkers*(76) devem recordar de um episódio chamado "A hora rubra" (The return of the Archons), estória escrita por Gene Roddenberry, que se passava no planeta Beta III, comandado por um ditador chamado Landru. Este líder tinha poderes onipresentes e onipotentes, impondo um temor permanente à população por meio de vigilância de câmeras e computadores. Além disso, havia os temíveis "Legisladores", misto de polícia política e de repressão à anestesiada habitantes locais, que andavam impondo castigos fatais a quem não obedecesse às ordens de Landru. Como um tradicional vilão, Landru concedia a diversão do circo ao povo, no caso a chamada "hora rubra", quando a loucura e a violência tomavam conta do planeta, como se fosse um carnaval insano permitido pelo grande líder.

Evidentemente, o corajoso capitão Kirk, o comandante Spock e sua tripulação acabam violando a Primeira Diretriz (que trata da não interferência na vida de outros planetas), e ajudam a derrotar a autocracia brutal na data estelar 3156.2.(77), destruindo o computador central e pondo fim ao domínio cibernético.

O mais curioso é que, ao final, descobre-se que Landru já havia morrido há séculos e que antes de morrer havia programado seus computadores para perpetuar seu domínio, sem que o povo soubesse. Landru, mesmo falecido, continuou levando sua imagem a qualquer lugar por meio de hologramas e a ordem era mantida por meio de seus sicários obedientes. Portanto, Landru representa perfeitamente o panóptico de Jeremy Bentham. É o poder onipresente, que impõe temor a todos, mesmo que nenhum dos oprimidos nunca tenha visto Landru pessoalmente.

Pois não é justamente essa vontade de obter poder eterno que mantém muitos regimes de força no mundo?

## 3.5 O homem do castelo alto (The man in the high castle), de Philip K. Dick

Quando Philip K. Dick escreveu "O homem do castelo alto" (*The man in the high castle*), em 1962, o mundo estava no auge da Guerra Fria. A crise dos mísseis soviéticos em Cuba colocou o planeta à beira da guerra nuclear e o muro de Berlim dividia a Europa. Os fantasmas da II Guerra mundial ainda vagavam pela Europa. O holocausto era uma chaga aberta e Simon Wiesenthal perseguia dirigentes nazistas fugitivos mundo afora.

---

(76) Fãs mais empolgados da série e seus derivados (filmes de cinema, livros e quadrinhos).

(77) NOGUEIRA, Salvador et al. *Almanaque Jornada nas estrelas*. São Paulo, Aleph, 2009. p.62.

Porém, o que mais impressiona em O homem do castelo alto é a assustadora possibilidade de que essa realidade alternativa pudesse ter mesmo existido.

Em 1º de setembro de 1939 o exército alemão invadiu a Polônia. Isso representou o início formal da II Guerra Mundial, embora os atos beligerantes anteriores, como o rearmamento pro*ibid*o pelo Tratado de Versalhes, a invasão da Áustria e dos Sudetos já fossem indicativos do caminho a ser trilhado pelos nazistas.

O mundo não seria mais o mesmo após a II Guerra Mundial. A luta entre os Aliados e o Eixo deixou um saldo trágico de 70 milhões de mortos (pelos bombardeiros, chacinas, batalhas, Holocausto e fome). Novas tecnologias surgiram, como armas nucleares, mísseis (bombas voadoras alemãs v1 e v2), aviões a jato (o alemão Messerschmith 262 e o britânico Gloster Meteor), remédios, radares e veículos. Novas fronteiras foram desenhadas e uma nova ordem mundial surgiu logo depois, iniciando a Guerra Fria.

Mas e se os alemães tivessem vencido a Guerra e imposto seu regime autocrático brutal? Sim, eles poderiam ter vencido se o Dia D tivesse falhado, se as batalhas de Kurski e Stalingrado não tivessem sido vencidas pelo Exército Vermelho, se o Afrika Korps não tivesse sido varrido do norte da África pelos generais Montgomery e Patton, se os comandos aliados não tivessem decifrado o Enigma e destruído as plantas industriais alemãs que gestavam os V2, testes com ogivas nucleares e outras coisas.

Felizmente não venceram. "O homem do castelo alto" merece destaque em sua abordagem política. Nele, Philip K. Dick substituiu os atores da Guerra Fria no início dos anos 60. Saem de cena os EUA e a URSS e entram o Reich Alemão e o Império Japonês. Há pouco espaço para neutralidade, status dado apenas ao Canadá e às Montanhas Rochosas. O resto do mundo fica dividido entre japoneses e alemães, agora rivais geopolíticos e à beira de uma nova guerra mundial depois da morte de Hitler. O Brasil seria dividido entre os japoneses (sul do país) e os alemães (norte e nordeste). O Mediterrâneo seria aterrado e incorporado à Itália fascista. Parte dos povos subsaarianos na África seria simplesmente dizimada.

Philip K. Dick criou um universo literário marcado pela visão sombria e distópica do mundo. Isso é perceptível em suas outras obras, como os magistrais "Minority report", "Total recall" e "Andróides sonham com ovelhas elétricas" (adaptado ao cinema com o nome de Blade Runner). Em todos eles havia um elemento comum: o ser humano nunca perdia a esperança de superar aquela tragédia e recuperar sua liberdade!

## 3.6 Juiz Dredd

Dredd é um famoso personagem dos quadrinhos, que, em um futuro distópico, ultra violento e caótico, atua como juiz na megalópole Mega City One. Porém, o curioso é que o juiz Dredd exerce ao mesmo tempo o poder de polícia, tribunal e executor, sentenciando e executando as penas imediatamente[78].

Nisso ele se assemelha mais ao Punisher da Marvel, personagem que anda na linha tênue entre criminoso e justiceiro (na feliz tradução brasileira). Batman[79], por sua vez, é um vigilante muito mais legalista, constantemente preocupado com o limite extremo e o efeito de suas ações.

Dredd não tem esses freios, já que ele é policial, juiz e carrasco ao mesmo tempo. Ele é a personificação do antigo juiz Júpiter. Ele é a boca da lei, onipotente, legitimado pelo Estado. E quem controla os seres onipotentes?

É o devido processo legal que garante o acesso ao poder Judiciário, com possibilidade de defesa com a maior amplitude possível. Isso impede que de forma arbitrária haja condenação ou privação da liberdade, em desacordo com a forma processual garantida na lei, resguardando assim, tanto os interesses do autor, quanto os interesses do réu, de forma igualitária e constitucional.

Precisamos da constante advertência constitucional do respeito ao devido processo legal. Precisamos impedir que fatos kafkianos invadam nossa sociedade, instalem uma paranóia coletiva e abalem os alicerces do Estado de Direito, em nome de falsa sensação de segurança coletiva ou de algum outro suposto bem maior.

O Estado Democrático de Direito que ainda estamos a construir não pode de forma alguma vir a ficar vulnerável em nome de uma pseudo segurança jurídica e tampouco podemos permitir que prisões sem culpa formada sejam feitas com legitimação judiciária.

Assim, em uma sociedade jurídica e democrática o lugar mais adequado para os criminosos serem julgados é nas salas de um tribunal, com direito ao devido processo legal.

Dredd pode garantir boa diversão nos quadrinhos e no cinema, mas na vida real ele seria um cara bem perturbador.

## *3.7 A onda*

**A onda** (originalmente ***Die Welle***) é um filme alemão de 2008, dirigido por Dennis Gansel, com roteiro adaptado do livro de mesmo nome do escritor

(78) Dois filmes já foram lançados sobre Dredd. Em 1995, *Judge Dredd* foi interpretado por Sylvester Stallone. Em 2012, foi lançado o filme Dredd, com Karl Urban como o juiz Dredd.

(79) Vide a bela análise do cavaleiro de Gotham feita por Érico Renato Serra Cordeiro, em ensaio neste mesmo livro.

norte-americano Todd Strasser. Este, por sua vez, se baseou na experiência feita pelo professor de história Ron Jones, chamada "**A Terceira Onda**", que tentou demonstrar que mesmo sociedades democráticas não estão isentas do risco do fascismo. Isso aconteceu em suas aulas de história ministradas na Cubberley High School, em Palo Alto, Califórnia, em abril de 1967, para alunos do módulo sobre Alemanha nazista em história contemporânea.

A maior qualidade de "A onda" é exatamente mostrar que mesmo na Alemanha atual, pacífica, rica e próspera (ou em qualquer país do mundo) é possível ressurgir uma ditadura. Esse é o princípio ativo do filme, onde o professor Rainer Wenger (em grande interpretação do ator alemão Jürgen Vogel) propõe uma experiência grupal a seus alunos da cadeira de Autocracia, com uso de uniforme, com saudação característica (em forma da onda), música e adoção de uma logomarca. Isso os diferencia dos "outros". E a partir daí os problemas se avolumam em meros cinco dias...

"A onda" parte de dois princípios básicos que estão na essência do totalitarismo: ideologia e medo. Na ideologia, em geral calcada em um partido único, a vontade do ditador é a lei e a organização partidária tende a cumprir suas ordens. A ideologia é divulgada incessantemente através da crença elitista na superioridade racial, esportiva, bélica, sempre representada na eliminação da vontade individual pela supremacia da vontade do grupo! Ao mesmo tempo, o terror é garantido pela atuação de uma Polícia Política, como a Gestapo ou SS na Alemanha hitlerista, a quem incumbia criar uma rede de informação, onipresente, em que cada indivíduo seja um informante e todos vigiem os passos de todos os outros, criando uma malha viva de intrigas, fanatismo e terror.

A industrialização gera insegurança social, divisão de classes e seus efeitos ameaçadores são sentidos na sociedade. Por exemplo, quando o grupo sai do controle programado inicialmente não há mais como saber o que poderá vir depois. Quem sabe do que é capaz de fazer aquele que se achou incluído e protegido pelo líder e agora está órfão dele? Na pós-modernidade, onde a imagem vale mais do que palavras, o suicídio em público no final de "A onda" é bastante sugestivo nesse sentido!

## 4. Final

Para escrever essas páginas eu me inspirei na lição do grande mestre argentino Luiz Alberto Warat, que dizia que "*juntar o Direito à poesia já é uma provocação surrealista*". Também pela convivência com o genial professor maranhense Agostinho Ramalho, que sempre faz com maestria essas interseções do Direito com a literatura, música, cinema e Psicanálise.

Não é tão fácil ligar com traços conceituais consistentes a Cultura pop com o Direito; na verdade, seria, a princípio, até no mínimo, estranho. Mas a Cultura pop está repleta de citações ao mundo jurídico. E nem falo dos juristas que povoam o universo cultural, como o jovem advogado Matt Murdock ou o capitão James Gordon. Trato mesmo das referências ao Direito em si, como elemento lógico e racional que se propõe a garantir a convivência humana.

A democracia, garantidora de todas as liberdades individuais e coletivas, impõe direitos e deveres, respeito à lei e à ética. Quando a cultura pop retrata esse desejo de liberdade e democracia é de Direito que ela está falando!

Há muito se sabe que um Estado torna-se ilegítimo quando serve apenas para permitir que uma classe possa explorar outras, permitindo a submissão de um grupo por outro, por razões ideológicas, econômicas, étnicas, culturais, linguísticas ou religiosas.

Indago até que ponto a informação e o conhecimento, em um mundo hoje ligado por satélites, computadores e smartphones conectados à Internet, que permitem o acesso imediato à vida social de todo o planeta, serão suficientes para livrar a Humanidade do medo e da opressão autoritária? Até quando estaremos livres de tiranos? Espero que fiquemos livres, inclusive, de alucinados fascistas e políticos autocratas que tentam angariar simpatia popular para chegar ao poder pelo voto popular!

Distopia, nunca! Democracia para sempre! Lutemos por tudo que ela representa: liberdade política, liberdade sexual, proteção religiosa, igualdade, ética respeito no mundo do trabalho, devido processo legal e tanto mais.

Enfim, inspirado pelas palavras de Warat e Agostinho, desejo que essa interseção entre Direito e Cultura pop não cause tanta estranheza assim.

## REFERÊNCIAS BIBLIOGRÁFICAS

AQUINO, Rubim Santos Leão de et al. *História das sociedades*: das sociedades modernas às atuais. Rio de Janeiro: Ao Livro Técnico, 1983.

ARENDT, Hannah. *Origens do Totalitarismo*. São Paulo: Companhia das Letras, 1998.

BELLO FILHO, Ney de Barros. *Interlúdio*: pós-modernidade, direito e sociedade. São Luís: AML, 2012.

BOBBIO, Norberto et al. *Dicionário de Política*. 8. ed. Brasília: UNB, 1995, v.01.

BOBBIO, Norberto. *Igualdade e Liberdade*. Rio de Janeiro: Ediouro, 1997.

_____. *O futuro da democracia*. São Paulo: Paz e Terra, 2001.

CANOTILHO, José Joaquim Gomes. *Direito Constitucional e Teoria da Constituição*.

_____. *Estado de Direito*. Lisboa: Fundação Mário Soares – Gradiva Publicações, 1999.

CHAUÍ, Marilena. *Representação ou participação*. Cultura e Democracia: o discurso competente e outras falas. 6. Ed. São Paulo: Cortez, 1993.

DAVID, René. *Os grandes sistemas do Direito contemporâneo*. São Paulo: Martins Fontes, 1996.

DWORKIN, Ronald. *O Império do Direito*. São Paulo: Martins Fontes, 2002.

ELY, John Hart. *Democracia e desconfiança*. Uma teoria do controle judicial de constitucionalidade. São Paulo: Martins Fontes, 2010.

GRAMSCI, Antonio. *Maquiavel, a Política e o Estado Moderno*. Rio de Janeiro: Civilização Brasileira. 1984, p. 147-149.

HOBSBAWM, Eric J. *Era dos extremos* – o breve Século XX : *1914-1991*. São Paulo: Companhia das Letras, 1998.

LEFORT, Claude. *A Invenção Democrática*: Os Limites do Totalitarismo. 2 ed. São Paulo: Brasiliense, 1987.

_____. *Pensando o Político*: ensaios sobre democracia, revolução e liberdade, São Paulo: Paz e Terra, 1991.

NOGUEIRA, Salvador et al. *Almanaque Jornada nas estrelas*. São Paulo, Aleph, 2009.

ORWELL, George. *1984*. São Paulo: Civilização Brasileira, 1977.

_____. *A Revolução dos bichos*. Rio de Janeiro: Globo, 1995.

RABENHORST, Eduardo Ramalho. *Dignidade Humana e Moralidade Democrática*. Brasília: Brasília Jurídica, 2001.

ROSENFIELD, Denis L. *O Que é Democracia?* 5. Ed. São Paulo: Brasiliense, 1994.

WOLKMER, Antonio Carlos. *Constitucionalismo e direitos sociais no Brasil*. São Paulo: Acadêmica, 1989.

# E AGORA, ALEX, HÁ LEX?[80]

***Agostinho Ramalho Marques Neto***[81]

*Mexe qualquer coisa dentro doida;*
*já qualquer coisa doida dentro mexe.*
*Caetano Veloso.*

Há pouco, já sentado aqui à mesa, lembrei-me da sequência de belas e brilhantes exposições que foram feitas durante estas XII Jornadas e, na condição de penúltimo a falar, veio-me a pergunta: *"Sobrou pra mim o bagaço da Laranja"?*

Cheguei ao título da minha fala quando li a observação do autor do livro que serve de mote a este evento, Anthony Burgess, acerca da etimologia da palavra Alexandre: "defensor dos homens". Burgess faz um jogo de palavras que mistura o artigo indefinido inglês *a* (um, uma) e o substantivo latino *lex:* uma lei. "Alex é uma redução cômica de Alexandre, o Grande, talhando seu caminho pelo mundo e conquistando-o. Mas Alex se torna o conquistado – impotente, mudo. Ele fazia sua própria lei *(a lex);* torna-se uma criatura sem uma *lex* e sem léxico"[82].

Eu também faço implicitamente um jogo de palavras no meu título, com o prefixo grego *a* (privação, negação) e o radical latino *lex:* sem lei. O meu título contém um subtexto: *E agora, Sem Lei, há Lei?* Ou ainda, brincando um pouco com as palavras: *E agora, Sem Lei, há Lex?* O elemento grego *alex(i)* significa "o que socorre", mas indica também "o que afasta, que expulsa, que reage, que repele". *Andro,* por sua vez, designa "homem como macho em oposição a mulher"; e, "em sentido genérico, como ser humano que inclui homens, mulheres, crianças, velhos"[83].

---

(80) Palestra proferida por ocasião das XII Jornadas de Direito e Psicanálise, sob o tema *Direito e Psicanálise: Interseções e Interlocuções a partir de "Laranja Mecânica", de Anthony Burgess,* promovidas pelo Núcleo de Direito e Psicanálise do Programa de Pós-Graduação em Direito da Universidade Federal do Paraná. Curitiba (PR), 29 de maio de 2015.
Este texto foi publicado em: COUTINHO, Jacinto Nelson de Miranda (organizador). *Direito e Psicanálise: Interseções e Interlocuções a partir de "Laranja Mecânica", de Anthony Burgess.* Rio de Janeiro: Lumen Juris, 2016, p. 3-20.

(81) Psicanalista. Professor universitário nas áreas de Filosofia do Direito e Filosofia Política. Membro fundador do Núcleo de Direito e Psicanálise do Programa de Pós-Graduação em Direito da Universidade Federal do Paraná. Membro da Escola Lacaniana de Psicanálise do Rio de Janeiro. Membro efetivo da Academia Maranhense de Letras.

(82) BURGESS, Anthony. "A Condição Mecânica". IN: BURGESS, Anthony. *Laranja Mecânica* (1962). Tradução de Fábio Fernandes. São Paulo: Aleph, 2012, p. 299. Os grifos constam do original.

(83)*Dicionário eletrônico Houaiss da língua portuguesa (Dicionário de elementos mórficos).*

Por falar em lex, acho interessante observar que a palavra *lex, legis,* tem, no latim, uma conotação etimológica com a palavra *lectus, lecti,* que vem dar, no português, a palavra *leito.* Se pensarmos, por exemplo, num rio, são as águas que cavam o seu leito em direção ao mar. No entanto, esse leito, uma vez cavado, ele é que vai determinar daí por diante o curso das águas que vêm depois das que o cavaram, vai impor uma margem a essas águas. A palavra *lex* também guarda esse sentido de um leito que determina o rumo, que determina o percurso(84). Claro que sempre pode haver um transbordamento, que vai além das bordas, que vai além das margens, dos limites. Esse transbordamento, no campo da lei, pode significar um ilícito, um abuso de direito, mas também como que um alargamento necessário para que o sistema jurídico se renove.

Muitas políticas públicas, especialmente na área criminal, têm como objetivo expresso ou tácito combater o mal e, no limite, erradicá-lo. Erradicar o mal radical? Se o mal é radical, pode ser erradicado? A minha posição pessoal, que subjaz à questão que habitualmente relanço: *quem nos protegerá da bondade dos bons?,*não significa que eu tenha maiores apreços pela maldade, ou alguma rejeição pela bondade. Logo de saída, é muito difícil definir com precisão o que a bondade é, ou o que a maldade é – se é que bondade e maldade *são* alguma coisa... Seja o que for que possa ser considerado "bom", ou "mau", somente o será "para alguém". Assim como entre o amor e o ódio há uma relação de ambivalência, que Freud examina em vários dos seus textos, assim também bondade e maldade são passíveis de converter-se uma na outra, de fundir-se uma com a outra, ou de resultar uma na outra. Ao pôr em questão o bem, não estou necessariamente abraçando o mal. O que me incomoda é a ingenuidade e a superficialidade, além do maniqueísmo com que essas questões são geralmente tratadas e simplificadas. É como se não houvesse mal no bem e bem no mal, como se essas categorias designassem realidades absolutamente antitéticas e excludentes. E não é só ingenuidade, mas também, muitas vezes, um alto grau de arrogância e onipotência no considerar que o mal pode ser "curado" com o bem, ou pelo bem. Isso já conduziu a várias políticas racistas, genocidas, sexistas, homofóbicas etc. A Inquisição e o Holocausto são exemplos extremos. A assim chamada"cura gay",

(84) Devo essa indicação ao querido mestre José Maria Ramos Martins, meu primeiro professor de Direito, fonte perene a partir da qual, com continuidades e rupturas, venho estruturando o meu próprio pensamento ao longo das décadas: "A palavra latina *lex, legis* tem o mesmo étimo que o verbo *legere;* daí o radical comum *leg., legere,* que significa, primitivamente, unir. *Legerelitteras* traduz-se por unir as letras; portanto, ler. Mas também queria dizer seguir as pegadas, percorrer. O seu particípio passado *(lectum)* originou, em português, lido e leito. Na verdade, a lei era afixada em lugar público, não apenas para ser *lida,* mas para ser *seguida* obrigatoriamente, como acontece com os rios, que *seguem, percorrem,* compulsoriamente, o seu leito. Com efeito, o leito é o 'caminho' por onde obrigatoriamente segue o rio. A lei, emanando do poder, determina aos súditos o rumo, o 'caminho' por ela traçado e a ser seguido". MARTINS, José Maria Ramos. "Da Noção de Direito Natural à de Direito Alternativo". IN: MARTINS, José Maria Ramos & MARQUES NETO, Agostinho Ramalho. *Pluralismo Jurídico e Novos Paradigmas Teóricos.* Porto Alegre: Sergio Antonio Fabris, 2005, p. 20-21. Os grifos constam do original.

de vez em quando relançada como proposta político-educativa de obtenção de uma pretensa "normalidade" sexual, é um exemplo bem contemporâneo de políticas dessa natureza, carregadas de elevado grau de violência simbólica. E como sempre, tudo em nome do Bem... Eu às vezes me pergunto se haveria maior probabilidade de se encontrar um sujeito totalmente bom sem qualquer resquício de maldade, ou um sujeito totalmente mau sem resquício de bondade, e me inclino a crer mais nesta segunda hipótese. E isso com base também na anterioridade do ódio em relação ao amor, já apontada por Freud.

O próprio Burgess também vai mais ou menos por aí: "O que tentei argumentar, com o livro, era o fato de que é melhor ser mau a partir do próprio livre-arbítrio do que ser bom por meio de lavagem cerebral científica"(85). Como bem sabemos,"livre-arbítrio" é uma expressão que comporta imensa indeterminação conceitual, e nunca se soube e talvez nunca se venha a saber exatamente o que é isso, se é que é alguma coisa... Nem me interessa pôr aqui em discussão esse conceito. Mas não posso deixar de admitir que alguma capacidade de escolha tem que ser pressuposta para que algo como uma lei ética ou uma lei jurídica seja possível. Ambas só têm cabimento onde houver a faculdade de escolher entre agir em conformidade com a lei ou transgredi-la, ou ainda omitir-se; onde houver a possibilidade de um fazer diferente, de um agir diferente, de um pensar diferente. É nessa perspectiva que Kelsen diz que "o ilícito (delito) não é negação, mas pressuposto do Direito"(86).É também nessa perspectiva que Kant situa a liberdade como pressuposto lógico da lei moral. Segundo ele, não podemos apreender o conceito de liberdade. A liberdade é um númeno, uma coisa em si, que pode ser pensada, mas que, por definição, não pode ser conhecida, ou seja, apreendida em suas propriedades pelo conhecimento racional. Mas, dado que *há* lei moral, a liberdade tem que ser forçosamente pressuposta. "A liberdade é a condição da lei moral. [...] A sua *possibilidade* [da lei moral] é provada pelo fato de a liberdade ser efetiva"(87).

*Laranja Mecânica* é a expressão de uma sociedade em que vigora uma censura máxima. Essa censura se efetiva com o auxílio de uma técnica de aversão de fundo skinneriano, behaviorista, consistente na imposição de estímulos e no controle das reações a esses estímulos e (da permanência) dos efeitos por eles provocados. Isso me leva a formular o que me parece ser uma questão de fundo para a apreciação desse

---

(85) BURGESS, Anthony. *A Condição Mecânica*.Op. cit., p. 301. Eis uma reflexão de Alex sobre essa questão: "Mas, irmãos, esse negócio de ficar roendo as unhas dos dedos do pé sobre qual é a *causa* da maldade é que me torna um maltchik [garoto] risonho. Eles não procuram saber qual a causa da *bondade*, então por que ir à outra loja? [...] E mais: maldade vem de dentro, do eu, de mim ou de você totalmente odinokis [sozinhos], e esse eu é criado pelo velho Bog ou Deus, e é seu grande orgulho e radóstia [alegria]. Mas o não eu não pode ter o mau, quer dizer, eles lá do governo e os juízes e as escolas não conseguem permitir o mau porque não conseguem permitir o eu.[...] Estou falando sério sobre isso com vocês, irmãos. Mas eu faço o que faço porque gosto de fazer". BURGESS, Anthony. *Laranja Mecânica* (1962). Tradução de Fábio Fernandes. São Paulo: Aleph, 2012, p. 89. Os grifos constam do original.

(86) KELSEN, Hans. *Teoria Pura do Direito*. Tradução de João Baptista Machado. Coimbra: Arménio Amado, 1974, p. 166.

(87) KANT, Immanuel. *Crítica da Razão Prática* [1788], prefácio. Tradução de Artur Morão. Lisboa: Edições 70, 1986, p. 12. Os grifos constam do original.

romance, e também do filme do mesmo nome, magistralmente dirigido por Stanley Kubrick (1971) – duas obras-primas: *Alex e seus amigos (Pete, Georgie e Tosko) são uma reação contra o quê?* E me leva também a indagar sobre a quem posso recorrer se quiser fundamentar teoricamente (e literariamente) esta exposição – esse mal radical inconversível a qualquer "bem".

Quem primeiro me ocorre à mente é Hobbes. Vejamos, por exemplo, esta passagem: "Os homens não tiram prazer algum da companhia uns dos outros (e sim, pelo contrário, um enorme desprazer), quando não existe um poder capaz de manter a todos em respeito"(88).Hobbes fundamenta seu pensamento, exclusivamente, no que lhe parece ser a "natureza humana", dentro de uma perspectiva epistemológica que combina mecanicismo, nominalismo, sensualismo e empirismo. Não há nenhuma "transcendência última" que sustente sua concepção do ser humano(89). Como se sabe, a concepção hobbesiana de um estado de natureza (que não é a descrição de nenhum fato histórico, mas sim uma ficção teórica construída como tentativa de dar conta filosoficamente de como seria um hipotético estado pré-social, ou seja, um estado de absoluta anomia),é a de um estado de guerra de todos contra todos, decorrente do caráter infinito do desejo combinado com a capacidade, que os seres humanos pouco a pouco desenvolvem, de estabelecer e usar a razão como cálculo dos meios mais adequados para a realização dos seus desejos. Ter o controle desses meios equivale a ter poder, pois "o poder de um homem [...] consiste nos meios de que presentemente dispõe para obter qualquer visível bem futuro"(90). A guerra, no fundo, é sempre pelo poder(91) – isto é, pelos meios necessários à realização dos desejos e à evitação do que nos possa provocar aversões –, no sentido de adquiri-lo e de ampliá-lo. Para Hobbes, é uma autêntica lei da política que só se pode garantir o poder que atualmente se possui se se adquire ainda mais poder(92). Como diz Hobbes, a guerra de todos contra todos é uma consequência necessária das paixões.Guerreia-se por pretensas nobres causas; mas se guerreia também, e sobretudo, por ninharias, como ele diz: "em alguns, de fama por uma nova conquista, em outros, de conforto e prazeres sensuais,

---

(88) HOBBES, Thomas. *Leviatã ou Matéria, Forma e Poder de um Estado Eclesiástico e Civil* (1651). Tradução de João Paulo Monteiro e Maria Beatriz Nizza da Silva. São Paulo: Abril Cultural, 1983, cap. XIII, p. 75.

(89) Essa posição "laica" perante os princípios de onde infere todo o sistema do seu pensamento (a *filosofia prima,* como ele a designou), fundamentando-o no correto uso da razão, e não numa transcendência divina ou em dogmas de uma verdade revelada, custou a Hobbes algumas acusações de ateísmo e heresia. Numa das mais célebres, ocorrida por volta de 1650, o bispo anglicano John Bramhall, um dos críticos mais ásperos de Hobbes, acusou-o de ser ateu: *"Hobbes acaba com o céu"*, queixou-se ele, *"e, pior ainda: acaba com o inferno também!"*.*Apud* RIBEIRO, Renato Janine. "Uma Ética Humana". IN: Jornal *Folha de São Paulo,* 23 de dezembro de 2006, p. A 3.

(90)HOBBES, Thomas. *Leviatã ou Matéria, Forma e Poder de um Estado Eclesiástico e Civil.* Op. cit., cap. X, p. 53.

(91)*"Poder, poder, todo mundo quer poder"* – constata Alex no último capítulo do romance quando vê o brilho de satisfação nos olhos de Touro, que acabara de juntar-se ao grupo de adolescentes infratores, quando ele fica sabendo que vai comandar os outros naquela noite. BURGESS, Anthony. *Laranja Mecânica.* Op. cit., p. 267.

(92)HOBBES, Thomas. *Leviatã ou Matéria, Forma e Poder de um Estado Eclesiástico e Civil.* Op. cit., cap. XI, p. 60.

e em outros de admiração, de serem elogiados pela excelência em alguma arte, ou outra qualidade do espírito"(93). Esse estado de guerra de todos contra todos é, para ele, a condição natural da humanidade. Se a guerra é a condição natural, originária, segue-se que a paz só pode ser construída, ou seja, convencionada. É o contrato – isto é, a renúncia recíproca de parte das liberdades irrestritas (dos direitos, diz Hobbes) que cada homem possui no estado de natureza, e a transferência do poder aí contido a um soberano instituído nesse ato mesmo, o qual daí por diante determina as leis a que todos devem sujeitar-se e as impõe coercitivamente – é o contrato, repito, essa renúncia mútua de direitos, que opera a passagem do estado de natureza para o estado social ou político. É, portanto, somente a partir da instituição do poder soberano e da lei que uma sociedade pode existir. Essa situação de mútua agressividade em que os homens originariamente se encontram por simples obra da natureza pode nos dar uma primeira fundamentação – ainda insuficiente, entretanto –, para pensarmos o contexto da *Laranja Mecânica:* a agressividade é um elemento constitutivo do ser humano, está aí desde a origem.

É em Freud que vou buscar um segundo fundamento, que a rigor é uma elaboração, em nível psicanalítico, daquela agressividade primária a que Hobbes se refere. Freud nos fala, em seu *O Mal-Estar na Civilização,* de um "resto de natureza indomável" e de uma "mútua hostilidade primária dos seres humanos". Daí tira todo um conjunto de inferências, dentre as quais destaco as seguintes: "Os homens não são criaturas gentis que desejam ser amadas e que, no máximo, podem defender-se quando atacadas; pelo contrário, são criaturas entre cujos dotes pulsionais deve-se levar em conta uma poderosa quota de agressividade. Em resultado disso, o seu próximo é, para eles, não apenas um ajudante potencial ou um objeto sexual, mas também alguém que os tenta a satisfazer sobre ele a sua agressividade, a explorar sua capacidade de trabalho sem compensação, utilizá-lo sexualmente sem o seu consentimento, apoderar-se de suas posses, humilhá-lo, causar-lhe sofrimento, torturá-lo e matá-lo. *Homo homini lupus.* Quem, em face de toda a sua experiência da vida e da história, terá a coragem de discutir essa asserção? Via de regra, essa cruel agressividade espera por alguma provocação, ou se coloca a serviço de algum outro intuito, cujo objetivo também poderia ter sido alcançado por medidas mais brandas. Em circunstâncias que lhe são favoráveis, quando as forças mentais contrárias que normalmente a inibem se encontram fora de ação, ela também se manifesta espontaneamente e revela o homem como uma besta selvagem, a quem a consideração para com sua própria espécie é algo estranho. Quem quer que relembre as atrocidades cometidas durante as migrações raciais ou as invasões dos hunos, ou pelos povos conhecidos como mongóis sob a chefia de Gengis Khan e Tamerlão, ou na captura de Jerusalém pelos piedosos cruzados, ou mesmo, na verdade, os horrores da recente guerra mundial, quem quer que relembre tais coisas terá de se curvar humildemente ante a verdade dessa opinião"(94).

---

(93) Id. *Ibid.*, cap. XI, p. 60.

(94) FREUD, Sigmund. "O Mal-Estar na Civilização" (1930[1929]). IN: *Edição Standard Brasileira das Obras Psicológicas Completas de Sigmund Freud.* Tradução de José Octávio de Aguiar Abreu sob a direção geral de Jayme Salomão. Rio de Janeiro: Imago, 1974, v. XXI, p. 133, 134.

Quando Freud escreveu essas palavras, já havia formulado, uma década antes, o seu conceito de pulsão de morte e estabelecido o seu segundo dualismo pulsional, em que Eros (pulsão sexual, ou de vida) e Tânatos (pulsão de morte, ou de agressividade) travam um mítico embate primordial, fundante do psiquismo humano. Essas duas pulsões se fundem frequentemente, transferindo seus componentes psíquicos uma à outra. A *libido* – expressão da pulsão sexual – ganha, assim, componentes destrutivos, e transfere, por sua vez, à agressividade – manifestação da pulsão de morte – seus componentes *libidinais*. Essas fusões e desfusões pulsionais estão na base dos fenômenos conhecidos como masoquismo e sadismo, cuja realização é uma busca de satisfação combinada de ambos os grupos de pulsões. Posso acrescentar aqui o fascínio que os seres humanos sempre mostraram por espetáculos de violência, isto é, pela encenação da violência, passando pelas arenas romanas, pela queima dos hereges nas Idades Média e Moderna, pelas execuções públicas promovidas, por exemplo, pelo regime talibã no Afeganistão – onde chegou a haver um momento em que praticamente a única diversão que restou às pessoas era ir assistir às execuções públicas nos estádios, que ficavam lotados para essa finalidade –, e chegando às recentes execuções que o Estado Islâmico vem oferecendo ao mundo num macabro espetáculo via internet, com degolamentos, queima de pessoas vivas e outras atrocidades. Isso sem falar das guerras e das notícias de guerra, e do gosto pela exibição de lutas e combates – ainda que sublimados ao nível das competições esportivas –, que perpassam toda a história da humanidade, tudo isso promovendo, mesmo em pessoas "pacíficas", toda uma gama de satisfação das moções pulsionais mais agressivas.

Na distopia *1984,* de George Orwell, também posso buscar elementos para pensar o processo de "readaptação" a que Alex é submetido em *Laranja Mecânica.* Assim como Alex, no final, acaba "convertido" num rapaz "bom" – por obra de um cruel e eficacíssimo processo de condicionamento psíquico e orgânico, é verdade, mas ainda assim "bom", mais ou menos no sentido do que poderia ser pensado como da ordem do "neutramente bom" –, assim também, no final de *1984,* Winston está totalmente "convertido" – graças a um metódico e calculado processo de tortura física e psicológica não menos eficaz – à fidelidade ao Grande Irmão. E isso da maneira mais íntima, mais convicta, que se possa imaginar: no fim do livro, Winston *ama realmente* o Grande Irmão![95] Em ambos os casos, temos exemplos contundentes da absoluta eficácia de métodos de "reeducação" pela imposição de tortura e condicionamento psicológico.

Mas creio que é em Sade que posso encontrar uma base de sustentação mais condizente com a natureza daquilo de que se trata em *Laranja Mecânica.* Vou citar uma passagem de Eliane Robert Moraes em que ela sintetiza, digamos assim, o pensamento sadiano: "Ao longo de toda a sua existência, [Sade] dedicou-se com rigor e paixão a provar que *a liberdade humana só se realiza plenamente no mal.* Para tanto, ele elegeu como personagem central de seus romances a figura perturbadora

(95) ORWELL, George. *1984.* Tradução de Wilson Velloso. São Paulo: Companhia Editora Nacional, 2003, p. 285.

do libertino que, inspirada em alguns de seus contemporâneos, aliava o maior grau de egoísmo ao máximo de prazer na crueldade. Por certo, menos que contar a história da libertinagem setecentista, o que o marquês pretendia com isso era examinar o ser humano em profundidade, conhecê-lo nas particularidades mais obscuras, dissecá-lo se necessário. Embora tal intenção o alinhasse aos filósofos do Século das Luzes, sua literatura filosófica excedeu em muito os ideais da razão iluminista, vindo a conceber uma das mais desconcertantes ficções da liberdade humana. É o que ele deixa claro na apresentação do duque de Blangis, um dos quatro devassos das *120 Journées de Sodome:* [...] 'Não só ele jamais chegou a sonhar com uma simples virtude, como também as considerava com horror e muitas vezes afirmava que, para ser verdadeiramente feliz neste mundo, o homem deve, além de entregar-se a todos os vícios, nunca se permitir uma virtude, e que *não é apenas uma questão de fazer sempre o mal, mas também, e acima de tudo, de nunca fazer o bem*'"[(96)].Para essa autora, "o principal traço do libertino de Sade é o individualismo radical ['A natureza fez-nos nascer sozinhos, não há qualquer ligação entre um homem e outro'], cultivado em paralelo à absoluta negação do outro"[(97)]. Sade, nessa passagem, não deixa de estar se definindo a si próprio, isto é, seu eu ideal, colado, quem sabe, a seu ideal de eu, no sentido que Freud empresta a essas expressões. Sade vai além de tudo o que o antecedeu. Para ele, não há remissão, não há redenção, não há compaixão. Com ele, o que se tem é o mal como imperativo categórico, o prazer como finalidade primeira e última, para cuja obtenção *qualquer meio* pode e deve ser empregado. Em suma: "A natureza o quer: não tenhais outros freios que os de vossas inclinações, outras leis que não os vossos desejos, outra moral que não seja a da natureza"[(98)]. É nesse contexto que Lacan equipara, brilhantemente, o imperativo do gozo em Sade ao imperativo categórico da lei moral kantiana[(99)].

Em todos os autores que acabo de invocar na busca de uma sustentação para pensar o contexto em que *Laranja Mecânica* se desenrola, há sempre a pressuposição da existência, ou melhor, da imanência de uma *agressividade primordial e constitutiva do ser humano*. Esse é que é o dado originário, fundamental. Em nenhum desses autores se vê a presunção da existência de qualquer espécie de "sentimento moral" instaurado desde a origem. Moral, ética, direito, senso de justiça são aquisições tardias, que sempre custam o preço de uma renúncia pulsional. Como Freud tão bem demonstrou, a civilização é filha do recalque. Hobbes e Freud veem nessa renúncia o preço a pagar para que algo como uma cultura humana se institua. Sade se recusa a pagar esse preço, e propõe o abuso de um poder despótico que subjugue o outro da forma mais completa, mais totalitária, coisificando o outro e instrumentalizando-o como objeto para a obtenção imperativa de um gozo sem restrições.

---

(96) MORAES, Eliane Robert. *Lições de Sade: Ensaios sobre a Imaginação Libertina.* São Paulo: Iluminuras, 2011, p. 9-10. Grifos meus.

(97) Id. *Ibid.*, p. 10.

(98) SADE, Donatien Alphonse François, Marquês de. *A Filosofia na Alcova;* ou *Os Preceptores Imorais: Diálogos Destinados à Educação das Moças.* Tradução de Eliane Robert Moraes. Salvador: Ágalma, 1995, p. 175.

(99) LACAN, Jacques. "Kant com Sade" (1963). IN: LACAN, Jacques. *Escritos.* Tradução de Vera Ribeiro. Rio de Janeiro: Jorge Zahar, 1998, p. 776-803.

Num contexto como o acima delineado, sobretudo em Sade, já não há mera agressividade, mas uma forma exasperada desta, chamada violência. A agressividade tem um aspecto bastante positivo, construtivo. Enquanto Eros, a pulsão de vida, é um princípio conjuntivo e tende a ligar, a unir e, no limite, a fundir dois em um só; e, por isso mesmo, exerce uma função eminentemente conservadora, no sentido de tender à manutenção do já estabelecido, isto é, de afirmar a igualdade e negar a diferença (tendendo assim, afinal de contas, a uma estagnação narcísica), enquanto isso a agressividade, expressão da pulsão de morte, é um princípio disjuntivo que desfaz formações já estabelecidas e tendentes a cristalizar-se, a perpetuar-se sempre idênticas a si mesmas, abrindo com isso espaço para a mudança, para a irrupção do novo, para a diferença. A violência, tanto física quanto simbólica (e a violência física é também uma violência simbólica), não tem como alvo propriamente a quebra do já estabelecido enquanto uma abertura para a diferença – embora possa incidentalmente provocar esse resultado –, mas antes implica na negação do outro (isto é, na negação da alteridade, da diferença), na exclusão, na coisificação, na instrumentalização perversa do outro. É dentro de um contexto predominantemente de violência, concebida da maneira que acabo de esboçar, como algo que impregna toda a ambiência de *Laranja Mecânica* – tanto as violências de Alex e seu grupo quanto a reação, talvez mais violenta ainda, do sistema repressor do Estado no sentido de recuperá-los para o que é estabelecido como "normalidade social" –, que me proponho agora a examinar alguns aspectos dessa obra.

Eu já tinha visto o filme *Laranja Mecânica,* há uns trinta anos, e o revi recentemente, já envolvido com a preparação das notas para esta exposição. No livro dá para perceber, mas no filme é muito mais perceptível, porque ele contém a trilha sonora, a existência de um contraste entre o alto grau de violência do enredo, por um lado, e a maravilhosa sucessão de peças musicais, pelo outro. Enredo e música constituem um todo indissociável, que se encarna na pessoa de Alex, ultraviolento nas suas noitadas sádicas e, simultaneamente, sensibilizado até às lágrimas pela sublime emoção que sente ao ouvir músicas clássicas. A *Nona Sinfonia* de Beethoven, pela qual Alex é particularmente apaixonado, é uma importante personagem de toda a trama, tanto no romance quanto no filme. Mas essa mesma trilha musical, por sua vez, tem altos momentos de "violência" sonora, em passagens de exaltação e exasperação. Há aí uma espécie de fusão entre a explosão de moções pulsionais violentas em estado bruto, por um lado, e a máxima explosão de sublimação estética, pelo outro.

*"É algum diabo que entra dentro de você?"* – pergunta P. R. Deltoid, o conselheiro pós-correcional que visita Alex em sua casa como parte do acompanhamento a que este é submetido pela prática de atos infracionais. E como se essa pergunta encerrasse uma contradição em relação ao ambiente bem "familiar" existente na casa do jovem, acrescenta:"Você tem uma bela casa aqui, bons pais que te amam, você não tem um cérebro lá tão ruim"[(100)].Talvez a resposta a tal espécie de intervenção – que Alex já tivesse encontrado há tempos lá no mais íntimo de si mesmo, e que depois foi quiçá recalcada e tornada inconsciente – sempre tivesse sido esta para ele: *Por*

(100) BURGESS, Anthony. *Laranja Mecânica.*Op. cit., p. 88.

*isso mesmo! É porque sou tão cercado de amor que tenho a compulsão de transgredir tanto!*Muito amor e pouca lei! O pai de Alex, por exemplo, diante das reiteradas saídas noturnas do filho, se limita a perguntar frouxamente: "Não que eu queira me meter, filho, mas onde exatamente você vai trabalhar à noite?". E a mãe, numa das muitas vezes em que ele acorda de ressaca, fala-lhe mais ou menos assim: "Não está se sentindo bem para ir ao colégio agora de manhã, meu filho? Deixe então para ir de tarde". "E eu saí cercado de sorrisos amorosos"[(101)]. Eis aí o caso de uma família da qual se pode dizer que atua por omissão, na qual a lei paterna não se faz presente, ou se faz presente de uma maneira muito débil. E quando ele invade a casa da velha que criava dezenas de gatos e que ele vai terminar por assassinar nessa noite, ouve dela o reverso do que está habituado a escutar em casa: "Seu animalzinho nojento, gentalha, entrando nas casas das pessoas *de verdade"*[(102)].

É esse homicídio que custa a Alex uma condenação penal aos quinze anos de idade. Na prisão, ouve falar de uma nova técnica de ressocialização que estava começando a ser implantada, a qual prometia nada menos que a completa readaptação do criminoso à convivência social, e consistia em *"liquidar o impulso criminoso por meio de terapia de aversão"*[(103)]. Alex se oferece como cobaia, na esperança de reduzir o seu tempo de prisão. "Só quero ser bom", pensa lá consigo[(104)]. Tratava-se da técnica Ludovico, um sistema de fundo expressamente skinneriano de provocar aversão no sentido de grandes náuseas, vômitos – enfim, uma profunda e radical *Ausstossung*[(105)],expulsão do que está dentro. Isso se dá mediante a *repetição* exaustiva de cenas de experiências transgressoras, extremamente violentas, antes altamente prazerosas para o sujeito, combinando a exibição forçada disso (Alex está colocado em tal posição que lhe é impossível deixar de ver qualquer detalhe das cenas violentas que lhe são mostradas, não podendo sequer fechar os olhos, pois as pálpebras ficam imobilizadas por presilhas) com a aplicação endovenosa de uma droga

(101) Id. *Ibid.*, p. 98, 100.

(102) Id. *Ibid.*, p. 115. Os grifos constam do original.

(103) BURGESS, Anthony. *A Condição Mecânica.* Op. cit., p. 299. Grifos meus.

(104) O capelão da prisão não deixa de alertar Alex quanto aos perigos e contradições que "ser bom" pode acarretar, sobretudo quando se tratar de uma "bondade" obtida mediante uma técnica de condicionamento: "A questão é se uma técnica dessas pode realmente tornar um homem bom. A bondade vem de dentro, 6655321. Bondade é algo que se escolhe. Quando um homem deixa de escolher, ele deixa de ser homem. [...] Pode não ser bom ser bom, pequeno 6655321. Ser bom pode ser horrível. E quando digo isso a você, percebo o quão autocontraditório isso soa. Eu sei que perderei muitas noites de sono por causa disso. O que Deus quer? Será que Deus quer bondade ou escolha da bondade? Será que um homem que escolhe o mal é talvez melhor do que um homem que teve o bem imposto a si? Questões difíceis e profundas, pequeno 6655321. [...] E mesmo assim, sob um certo ponto de vista, ao escolher ser privado da capacidade de fazer uma escolha ética, você de certa forma escolheu o bem". BURGESS, Anthony. *Laranja Mecânica.* Op. cit., p. 142, 156.

(105) *Ausstossung:*Termo que Freud usa ocasionalmente para designar uma expulsão a mais originária e radical, o primeiro ato psíquico de lançar "para fora", ato esse que inaugura uma das mais arcaicas distinções do mundo psíquico: o "dentro" (identificado com o "bom", ou seja, livre de estímulos) e o "fora" (o "mau", aquele lugar de onde provêm os estímulos). Esse "fora" vem para o psiquismo ainda nascente como uma fonte de estímulos, uma perturbação do que seria um primeiro momento mítico de inércia psíquica, livre de estímulos, e por isso o primeiro movimento em relação a ele é expulsá-lo.

destinada a fornecer os componentes químicos propícios a atuar no organismo como reforço e fixação da aversão provocada, levando-a à máxima eficácia[106]. Quando de uma das visitas domiciliares que lhe fazia para tomar conhecimento dos progressos que o adolescente Alex vinha fazendo no sentido de mudar o seu comportamento, ainda antes de sua prisão e condenação, o seu conselheiro pós-correcional lhe diz:"- Mas estou avisando você, jovem Alex, estou sendo um bom amigo como sempre fui, o único homem nesta comunidade doente e maltratada que quer salvar você de si mesmo"[107]. Eis aí um ato de bondade – dir-se-ia –, pelo menos aparentemente... As experiências de que antes os sujeitos tiravam prazer e/ou gozo (tanto no sentido de um gozo perverso, como comprazer-se com o assassinato, com a prática e a contemplação de atos de tortura, de espancamentos, de estupros etc., quanto no sentido do prazer sexual:"o bom e velho entra e sai", ou de outra natureza, como o prazer altissimamente sublimado e refinado, mas nem por isso menos violento, que Alex sentia ao escutar músicas clássicas) são transformadas em seu contrário – um dos destinos das pulsões, que Freud aponta num daqueles artigos metapsicológicos publicados em 1915 –, e agora podem provocar somente a mais profunda repulsa.

Trata-se de uma técnica de controle que age no corpo, como já foi muito bem colocado aqui nestas Jornadas. Esse controle sobre o corpo é indicado expressamente em algumas passagens, como esta, em que o Dr. Branom, assistente do Dr. Brodsky, a quem incumbia dirigir pessoalmente o "tratamento" a que Alex era submetido, lhe diz, didaticamente: "Violência é uma coisa muito horrível. É isso o que você está aprendendo agora. Seu corpo está aprendendo isso. [...] O que está acontecendo com você agora é o que deveria acontecer com qualquer organismo humano saudável que contempla as ações das forças do mal, o funcionamento do princípio de destruição. Estamos tornando você sadio; estamos tornando você uma pessoa saudável"[108]. A ciência tem a cura! E, aliás, o direito, que tanto quer ser uma ciência, também é apresentado com frequência como tendo a cura: quantas vezes já se falou da cura pelo direito, da cura pela sanção, da cura pela pena, das pretensas funções curativas da pena no sentido de restituir o sujeito a uma situação de "normalidade" que no final de contas nunca foi a dele; restituí-lo a algo que ele, a rigor, nunca habitou. E o Dr. Brodsky complementa, apontando aquilo em que, afinal de contas, consiste precisamente essa "cura": "Ele será seu verdadeiro cristão – krikava[109] [gritava] o

---

(106) A propósito desse reforço químico, Alex e seus amigos costumavam ingerir drogas alucinógenas dissolvidas em leite *("o bom e velho leite com faca dentro"* [p. 262]), antes de sair para praticar seus atos violentos. Reforço químico tanto para estimular a ação quanto para reforçar a aversão, quer dizer, a "cura"... Em todo caso, sempre reforço químico...

(107) BURGESS, Anthony. *Laranja Mecânica.*Op. cit., p. 87.

(108) Id. *Ibid.*, p. 171, 172.

(109) Alex e seu grupo se comunicavam numa espécie de idioleto próprio (o *nadsat),* inventado por Burgess, o qual consistia numa mistura de gírias da classe operária inglesa com corruptelas de palavras da língua russa. O autor faz um glossário dos termos que eles usavam, mas recomenda ao leitor que tente ler o livro sem consultar o glossário. Como suponho que nem todos os que vierem a ler este artigo tenham lido a *Laranja Mecânica,*indico entre colchetes, logo após o surgimento de cada um desses termos, a sua correspondente "tradução", ou significado.

Dr. Brodsky –, pronto para dar a outra face, pronto para ser crucificado ao invés de crucificar, doente até a alma só de pensar em sequer matar uma mosca. – E era verdade, irmãos, pois bastou ele dizer que eu pensava em matar uma mosca que comecei a sentir aquele enjoozinho, mas coloquei o enjoo e a dor de lado pensando na mosca sendo alimentada com pedacinhos de açúcar e cuidada como um bichinho de estimação ferido e essa kal [merda] toda. – Regeneração – ele krikou. – Alegria perante os anjos de Deus. – A questão é – esse Ministro do Inferior estava dizendo muito gromki [alto] – que isso funciona. – Ah – o chapelão da prisão disse, meio que suspirando. – Funciona muito bem. Que Deus nos ajude a todos"[(110)]. "Quando sair daqui – disse o Min [do Interior] – você não terá com o que se preocupar. Nós vamos cuidar de tudo. Um bom trabalho com um bom salário. Porque você está nos ajudando". E logo em seguida: "... e aí flash flashcrac flash bangfotos sendo tiradas de mim e do Minintinf juntos muito druguis [amigos]. Bom garoto – disse aquele grande tchlelovek [sujeito]. – Bom garoto"[(111)].

A nova política criminal, da qual a técnica Ludovico é a fiel expressão, pretende transformar o mal em bem. Alex "é forçado a andar por uma corda bamba de 'bondade' imposta"[(112)].A aprovação social de tal política, bastante alta no início de sua implementação, é logo aproveitada como instrumento de propaganda do sistema dominante. "Nada nos deterá neste experimento" – diz o Ministro do Interior, a certa altura. O importante mesmo, como ele já havia decretado, é que"isso funciona!".

Há um conjunto de pessoas de oposição, críticos acerbos do sistema de poder dominante e de sua política criminal, no qual ocupa lugar de destaque o escritor F. Alexander (cuja casa há algum tempo Alex e sua turma invadiram,espancaram-no, destruíram seus livros e escritos e estupraram a sua mulher – que mais tarde veio a falecer em decorrência disso), pessoas essas que querem usar justamente o "sucesso" da recuperação de Alex como uma contraprova da eficácia da técnica Ludovico, apontando para o que esta contém de cruel e desumano ao "recuperar" o sujeito ao preço de desapossá-lo de sua subjetividade. Mas estes, por sua vez, não o tratam como um sujeito, e sim como um objeto – e nisso diferem muito pouco dos que lhe impuseram o tratamento. O que lhes interessa não é, em absoluto, Alex, o seu drama, o seu sofrimento, mas apenas o exemplo que ele encarna da desumanização da política criminal em curso. F. Alexander é bem explícito quanto a essa intenção: "Alguns de nós têm de lutar. Existem grandes tradições de liberdade a defender. Não sou homem de partidos políticos. Onde vejo a infâmia, busco erradicá-la. [...] Ah, como eu disse, você é uma testemunha viva, pobre rapaz. Coma todo o seu café da manhã e depois venha ver o que escrevi, pois será publicado na *Trombeta Semanal* sob o seu nome, sua vítima infeliz". E um dos membros desse grupo de oposicionistas acrescenta, referindo-se a Alex: "Que instrumento magnífico ele pode ser, este rapaz. Claro que era preferível que ele parecesse ainda mais doente e zumbificado do que parece agora. Tudo pela causa. Sem dúvida podemos pensar em algo". E um outro ajunta este adendo: "Exibir

---

(110) BURGESS, Anthony. *Laranja Mecânica.* Op. cit., p. 198.

(111) Id. *Ibid.*, p. 258.

(112) BURGESS, Anthony. *A Condição Mecânica.* Op. cit., p. 300.

você em manifestações públicas será de tremenda ajuda. [...] Uma vida arruinada será a abordagem. Precisamos inflamar todos os corações. [...] Você verá, rapaz, que o Partido não será ingrato. Ah, não. No fim de tudo, haverá uma surpresinha bastante agradável para você. Espere e verá". E quando Alex diz que a única coisa que realmente quer é voltar a ser como era antes, eis a resposta que recebe: "Um mártir da causa da liberdade. [...] Você tem seu papel a desempenhar e não se esqueça disso. Enquanto isso, vamos cuidar de você. – E começou a acariciar minha ruka [mão] esquerda como se eu fosse um idiota. [...] Precisamos ajudar esta pobre vítima. É isso o que precisamos fazer agora, lembrando do futuro e de nossa Causa"(113). Esses são os politicamente corretos, os políticos da boa política, que estão empenhados em combater aquela horrenda técnica Ludovico de condicionamento brutal, e que para isso não hesitam em exibir publicamente Alex como uma espécie de zumbi. Então, a "boa política" também está pronta a tratar Alex dessa maneira coisificada e, à medida que as pesquisas eleitorais assim indicam, a questão fundamental é que a coisa funcione. Afinal de contas, tudo pela Causa!

Pareceu-me digna de nota, também, a indiferença moral com que Alex (narrador em 1ª pessoa: *"Vosso Humilde Narrador, Ó, meus irmãos")* faz seu relato. Ocorreu-me a imagem de um *gozo frio* para caracterizar a posição subjetiva do narrador. Indiferença notável, também, em seus companheiros. Tosko é o que parece mais subjetivado, ainda que um tanto "toscamente". Pelo menos, dá indícios, aqui e acolá, de alguma rebeldia em relação aos comandos de Alex. Será que eles simplesmente *são* assim? É insuficiente buscar explicações a partir de causas socioeconômicas – e é ingênuo reduzir tudo a essa dimensão. Parece-me que é predominantemente pelo viés "psicológico" que podemos ter esperança de lançar alguma luz. Para tanto, precisamos antes de tudo estar abertos para escutar as falas através das quais os personagens vão se revelando... Observações semelhantes também podem ser feitas em relação ao perfil psicológico daqueles que submetem Alex a essa espécie de "tratamento".

Quero, ainda, colocar uma ideia que me ocorreu apenas como hipótese, mas que achei que talvez pudesse ser interessante mencionar. Em alguns momentos, eu tive a impressão de que *Laranja Mecânica* é um romance que pode ser lido como uma narrativa dentro da narrativa, uma espécie de livro dentro do livro. No momento em que Alex está com seus amigos na casa do escritor F. Alexander [Alex-ander, uma espécie de alterego do próprio Alex], cometendo aqueles atos de violência, estupro etc., a que já me referi, ele vê o título do livro que F. Alexander estava escrevendo: *Laranja Mecânica.* De alguma maneira, é como se ele "entrasse" no texto do livro daí para a frente, ou, quem sabe, "saísse" daquele livro no qual já estava desde antes e do qual era o protagonista (algo parecido com o que ocorreu com o menino Bastian de *A História sem Fim,* de Michael Ende, que começa a ler um livro e de repente está dentro do livro, absolutamente tomado e vivenciando aquilo, não somente na imaginação, mas *realmente* vivendo como protagonista toda a sucessão de acontecimentos e peripécias que a narrativa vai desenvolvendo). O título *Laranja Mecânica* vai reaparecer depois, quando Alex conversa com o Ministro do Interior ou Inferior: "Será que

(113) BURGESS, Anthony. *Laranja Mecânica.*Op. cit., p. 238-239, 240-241, 242.

eu serei apenas uma laranja mecânica?" [p. 194-196], e mais adiante quando recebe os "cuidados" de F. Alexander e seus companheiros de oposição [p. 229], e retorna bem no fim do livro, quando Alex, em vias de "curar-se", "realmente" e em definitivo, devaneia que um dia passará sua experiência para seu filho, que por sua vez também passará para o seu, mas cada um viverá suas próprias experiências, seus erros etc., "e eu não seria capaz de impedi-lo. E nem ele seria capaz de deter seu próprio filho, irmãos. E assim isso itiaria [aconteceria] até tipo assim o fim do mundo, sem parar sem parar sem parar, como um tchlelovekbolshi [sujeito grande] gigante, como o velho Bog em pessoa (por cortesia do LactobarKorova), girando e girando e girando uma laranja vonigrazni [fedida suja] em suas rukas [mãos] gigantescas"(114). Ele está no meio de uma engrenagem que o captura inteiramente no interior da trama do livro, como aliás acontece também com Aureliano Babilonia, que, no final de *Cem Anos de Solidão,* de Gabriel García Márquez, lê os pergaminhos que o cigano Melquíades havia escrito bem no início do livro, um século antes – e de repente percebe, no meio de uma ventania que se levanta e vai crescendo vertiginosamente e levando Macondo e toda a sua história num imenso rodamoinho, que estava vivendo, naquele exato momento, tudo o que ali estava descrito, "decifrando o instante que estava vivendo à medida que o vivia, profetizando-se a si mesmo no ato de decifrar a última página dos pergaminhos, como se estivesse vendo a si mesmo num espelho falado, [...] e que tudo o que estava escrito neles era irrepetível desde sempre e por todo o sempre, porque as estirpes condenadas a cem anos de solidão não tinham uma segunda oportunidade sobre a terra"(115).

Para concluir, vamos ao último capítulo do livro: o capítulo 7 da terceira parte, constante da primeira edição britânica e que foi deliberadamente excluído da primeira edição norte-americana – aquela em que Kubrick se baseou para a realização do seu filme –, "por questões conceituais", pois os editores americanos viram uma contradição entre a "redenção" final de Alex que esse capítulo derradeiro parece conter e o contexto de violência sem remissão que caracteriza o livro.

Nesse capítulo final se definem os destinos dos quatro membros da gangue de Alex. Numa noite em que Alex, já livre após submeter-se ao tratamento pela técnica Ludovico, deixa seus novos druguis, Len, Rick e Touro irem sem ele praticar seus furtos e vandalismos, e sai sozinho do bar em que estavam e vai caminhar a esmo pela cidade, ocorre-lhe esta percepção: "Alguma coisa estava acontecendo dentro de mim, e eu não sabia se era doença ou se aquilo que haviam feito comigo estava perturbando minha gúliver [cabeça] e quem sabe me tornando bizumni [louco] de verdade"(116).George está "a sete palmos", assassinado que fora com uma paulada na cabeça, que lhe deixou os miolos esmigalhados no chão.Tosko se transformou num "miliquinha [policial] brutal", transferindo a brutalidade que antes empregava contra a lei pela brutalidade que passou a empregar em defesa da lei. E Pete, aos dezenove

(114) Id. *Ibid.*, p. 273.

(115) GARCÍA MÁRQUEZ, Gabriel. *Cem Anos de Solidão* (1967). Tradução de Eliane Zagury. Rio de Janeiro: Record, 2001, p. 394.

(116) BURGESS, Anthony. *Laranja Mecânica.*Op. cit., p. 268.

anos e parecendo bem mais velho, usando "um bigodinho e um terno tradicional e um chapéu", ganhando um modesto salário como empregado de uma companhia de seguros, apresenta a Alex sua jovem esposa ["Esposa? Tipo assim me engasguei. Esposa esposaesposa? Ah, não pode ser"] chamada Georgina, datilógrafa, que, do modo mais convencional que se possa imaginar, pergunta a Pete se ele também costumava falar daquela maneira, que língua estranha era aquela que Alex falava. Pete diz a Alex que está indo com a esposa visitar amigos que vão dar uma festinha, "basicamente vinho e brincadeiras de palavras. Mas muito bacana, muito agradável, sabe? Inofensivo, se entende o que digo"[(117)].

E no final, eis o nosso drugui Alex, com dezoito anos recém-completados ("dezoito não era uma idade assim tão jovem" [p. 272]), "a juventude é apenas quando nos comportamos tipo assim como os animais" [p. 273], enfim "curado", "reconciliado", com trajes e porte condizentes com essa nova situação, iniciando uma caminhada em busca de uma mulher para casar-se... E pensando nos filhos que haveria de ter com essa mulher e na herança que deixaria para esses filhos... Estava, enfim, nivelado àqueles "plebeus muito chatos" que estavam no café onde ele encontrou Pete: "plebeus muito chatos, tipo assim comuns, que tinham unslitsos [rostos] muito pacientes e sem expressão e não fariam mal a ninguém, todos sentados ali e govoretando [conversando] baixinho e pitando bonitinho e inofensivos seus tchais e cafés"[(118)]. Inofensivo, ele também! Enfim, normal!...

Esse último capítulo me parece imprescindível ao contexto do livro, porque ele deixa em aberto duas possibilidades de leitura: uma no sentido de que finalmente Alex superou aquela adolescência violenta, "humanizou-se" e se tornou um adulto casadoiro e preocupado em deixar um legado aos seus descendentes, tudo em conformidade com a "normalidade" burguesa; e a outra no sentido de que se pode imaginar que aí mesmo é que a técnica Ludovico funcionou e que é o condicionamento dela resultante que o levou a imaginar, definitivamente "robotizado", esse tipo de trajetória futura para si próprio. Em ambas as hipóteses, tudo, afinal, dá na mesma: ei-lo recuperado pelo (e para o) Sistema, que, enquanto tal, permanece intacto...

---

(117) Id. *Ibid.*, p. 270, 271.
(118) Id. *Ibid.*, p. 269.

# ESTADO, PODER E SOCIEDADE: UM PASSEIO PELOS TELHADOS E SUBTERRÂNEOS DE GOTHAM CITY

***Érico Renato Serra Cordeiro***(119)

*"Aos 15 anos eu nasci em Gotham City*
*E era um céu alaranjado em Gotham City*
*Caçavam bruxas nos telhados de Gotham City*
*No dia da Independência Nacional*
*Cuidado! Há um morcego na porta principal*
*Cuidado! Há um abismo na porta principal".*
*(Gotham City, de Jards Macalé e Zé Carlos Capinam)*

*"Meia-noite. Ao meu quarto me recolho.*
*Meu Deus! E este morcego! E, agora, vede:*
*Na bruta ardência orgânica da sede,*
*Morde-me a goela ígneo e escaldante molho".*
*(O Morcego, de Augusto dos Anjos)*

## 1. A Era de Ouro dos Quadrinhos

Historicamente, o desenvolvimento da indústria dos quadrinhos se situa no vácuo de auto-estima deixado pela Grande Depressão, que se abateu sobre os Estados Unidos a partir da Crise de 1929. Surge, então, uma enorme gama de protagonistas que, de uma maneira muitas vezes simplória, reinterpretavam o mito clássico do herói. São dessa época personagens como o detetive Dick Tracy, criado pelo cartunista Chester Gould em 1931, o selvagem Tarzan (originalmente criado pelo escritor Edgar Rice Burroughs em 1912 e protagonista de uma série de livros de enorme sucesso, o personagem foi adaptado para a linguagem dos quadrinhos em 1928 por Hal Foster) ou o aventureiro Jim das Selvas, criado pelo roteirista Don Moore e pelo desenhista Alex Raymond, em 1934.

As histórias em quadrinhos são uma narrativa estruturada de maneira híbrida, onde se combinam imagem e texto. São uma forma de expressão artística surgida a partir da evolução do cartum, espécie de desenho caricato que tinha por finalidade satirizar figuras públicas, primeiramente nos jornais ingleses e, posteriormente, norte-americanos. Segundo Ricardo Troula:

> Uma história em quadrinhos é uma narrativa, majoritariamente visual, contada através de uma seqüência de imagens, com os diálogos dos

---

(119) Juiz do Trabalho do Tribunal Regional do Trabalho da 16a. Região/MA.

> personagens incorporados através dos balões e os demais efeitos sonoros inseridos na forma de onomatopéias.
>
> (...)
>
> O meio mais próximo das HQs é, provavelmente, o cinema, mas diversos gibis já demonstraram que sua utilização da linguagem dos quadrinhos sofre influências de outros meios, como a arte, a ilustração, a fotografia, a televisão, a literatura e o design. Estas influências variam do emprego de elementos, até se beneficiar do avanço tecnológico destas áreas. A linguagem dos quadrinhos possui essa riqueza de influências sem perder sua identidade de narrativa seqüencial e visual, e o faz sendo uma linguagem popular e de cultura de massa". (120)

A primeira metade da década de 30 marca o início da chamada Era de Ouro dos quadrinhos e reserva a essa forma relativamente nova de expressão artística um papel proeminente na indústria do entretenimento. Remonta dessa época a criação personagens que conservariam enorme popularidade até os dias de hoje, como Capitão Marvel (também conhecido como Shazam), Namor, Flash, Lanterna Verde, Arqueiro Verde, Capitão América e Mulher Maravilha. Como características comuns, todos eram dotados de habilidades extraordinárias, se valiam de identidades secretas em seu dia a dia e, principalmente, usavam vistosos uniformes.

Em 1940, o cartunista Will Eisner faria uma verdadeira revolução no universo dos quadrinhos, ao criar o Spirit, um detetive que retorna da morte (na verdade, ele havia sido colocado em um estado de animação suspensa por um cientista maligno, o Dr. Cobra) para combater o crime. Eisner investiu em roteiros adultos, repletos de influências literárias, e em um visual que primava por utilizar uma gama de recursos cinematográficos, sendo marcante a presença de elementos típicos do cinema noir. O Spirit usa uma máscara e também possui uma identidade secreta, o detetive Danny Colt.

Eisner concebeu uma moldura narrativa original, mesmo fazendo uso de uma colagem de diversos gêneros literários pré-existentes, como o romance policial, a comédia de costumes e os contos de terror. Aliás, as histórias do Spirit, pela excelência do texto, podem ser entendidas como verdadeiros contos com apelo visual. Para o historiador Álvaro de Moya, por conta do elevado padrão de qualidade narrativa e gráfica, o papel do Spirit no panteão dos maiores personagens dos quadrinhos é mais que merecido:

> Uma das melhores criações das histórias em quadrinhos. Obra absolutamente genial. Está, para os comics, como Cidadão Kane para o cinema. Obra antológica. Tomadas, fusões, cortes, ângulos insólitos, uso de som e das sombras, em linguagem revolucionária visualmente. Apoiada em textos e situações que lembram Maupassant, Tchecov e O. Henry".(121)

---

(120) TROULA, Ricardo, *Storytelling nas histórias em quadrinhos*: o design do novo formato gráfico e o Cavaleiro das Trevas. São Paulo: Universidade Anhembi Morumbi, 2008.

(121) MOYA, Álvaro de. *História da História em Quadrinhos*. 2. ed. São Paulo: Brasiliense, 1996, p.142)

O trabalho de Eisner suscitou um acalorado debate sobre a própria natureza das histórias em quadrinhos: se eram uma manifestação cultural legítima ou apenas uma modalidade de entretenimento, corriqueiro, banal e, por conseguinte, efêmero. Entendendo a cultura como uma ordem simbólica de manifestação de pensamento e captura experiência sensorial, suas finalidades mais elementares são criticar, transcender, intrigar e transformar o mundo em que está inserida. À cultura, em sua manifestação exterior, a arte, se impõe que faça uma profunda reflexão sobre as experiências do cotidiano em seu tempo e lugar. Sob qualquer critério que se concebam a arte e a cultura, o Spirit provou-se, ao longo de quase oitenta anos, ser plenamente capaz de responder a essas proposituras, sem abrir mão do aspecto lúdico e recreativo que compõe a própria essência das "Histórias em Quadrinhos".

## 2. Dos becos escuros de Gotham City, surge o Homem Morcego

Criado pelo escritor Bill Finger e pelo desenhista Bob Kane para a editora DC Comics, em 1939, o Batman é um dos mais icônicos e populares heróis das histórias em quadrinhos surgidos durante a Era de Ouro. Sua primeira aparição foi na revista Detective Comics número 27, publicada em maio de 1939. A grafia original do seu nome era "Bat-Man", mas esta logo foi abandonada em prol da consagrada Batman. Ao longo de quase oitenta anos de uma trajetória de absoluto sucesso, ele se manteria como um dos mais longevos e bem sucedidos arquétipos de super-herói criados pela cultura pop, embora tenha passado, logicamente, por algumas crises de identidade e por alguns lapsos de popularidade.

O estrepitoso sucesso do Superman, criado por Joe Shuster e Jerry Siegel no ano anterior, fez com que a DC Comics decidisse investir pesadamente em um novo filão, o dos super-heróis, pois até então as histórias em quadrinhos eram, essencialmente, "histórias de mistério", aventura, terror ou ficção científica. Os personagens que mais se aproximavam da idéia de um super-herói, tal como hoje os identificamos, eram o ilusionista Mandrake e o misterioso Fantasma, ambos criados por Lee Falk, respectivamente, em 1934 e 1936.

À sua própria maneira, todos eles representavam os anseios da sociedade norte-americana por algum elemento de fantasia, capaz de mitigar a duríssima realidade que se descortinava à sua frente. Os heróis dos quadrinhos eram a versão contemporânea do mito grego, o contraponto lúdico capaz de inspirar o homem comum em seu dia-a-dia. Eram figuras arquetípicas que rompiam com os limites científicos da época e punham os leitores em contato com um mundo onde o fantástico e o imponderável se fundiam para criar uma realidade absolutamente inédita. Segundo Roger Caillois o típico herói das histórias em quadrinhos se apresentava como:

> (...) um ser revoltado, orgulhoso de sua própria força e aliando-se contra forças superiores (feiticeiro). Xamanismo, o poder do indivíduo em luta

> contra a ordem natural da realidade. O mágico provém da necessidade primitiva do eu de se separar da realidade inatingível e de adquirir o poder com a ajuda da magia. A magia está ligada à inteligência e à vontade de poder. É uma tentativa de extensão do campo da consciência para nela integrar o mundo suprasensível. (122)

Além das revistas e tiras em quadrinhos, outras mídias foram importantes para consolidar a figura dos super-heróis no imaginário popular, sobretudo o cinema (por meio dos seriados ex*ibid*os nas matinês de domingo), o rádio (pelos folhetins radiofônicos), e a literatura (por intermédio dos chamados romances pulp, pequenos livros de mistério, aventura ou romance policial, publicados em papel de baixa qualidade e que tinham como pano de fundo uma temática sensacionalista). Personagem seminal dos folhetins radiofônicos, O Sombra merece uma citação à parte.

Criado em 1930 por Walter Brown Gibson, sob o pseudônimo de Maxwell Grant, O Sombra era um audacioso vingador mascarado, protagonista de uma popular série radiofônica de histórias policiais. Em comum com o Batman, além da disposição de se fantasiar para combater o crime, ele também é um milionário, Lamont Cranston, em sua vida civil. Atores de renome atuaram nos programas radiofônicos d'O Sombra, como Orson Welles e Agnes Moorehead. O personagem ganhou sua própria versão em quadrinhos em 1940, sob a forma de tiras, publicadas em jornais, com roteiro do próprio Gibson e desenhos de Vernon Greene.

Além das semelhanças conceituais com O Sombra, as origens remotas do Batman podem ser encontradas em 1932. Naquele ano, um cartunista de Boston chamado Frank Foster II criou um personagem com diversas características semelhantes às do Cruzado de Capa, tendo oferecido sua criação à DC Comics, que na época não demonstrou o menor interesse. O curioso é que Foster teria deixado na editora diversos desenhos originais, e quando viu publicadas as primeiras histórias do Batman, não teve dúvidas de que se tratava de um plágio, dada a extrema semelhança estética entre o personagem da DC e a sua própria criação.

Para a história, todavia, o Batman foi consagrado como uma criação de Bob Kane, idealizador do seu aspecto visual e da concepção inicial de um detetive que combate o crime usando uma fantasia inspirada em um morcego, e de Bill Finger, que definiu o caráter taciturno e violento do personagem, arquitetou e desenvolveu as características mais marcantes do seu universo, e deu os contornos definitivos à atmosfera sombria e misteriosa que o envolve.

O homem por trás morcego é um charmoso playboy, o bilionário Bruce Wayne, empresário, filantropo e principal acionista das Empresas Wayne, um conglomerado de empresas que atua nos mais diversos ramos da economia. A origem do Batman está associada a um terrível trauma de infância: aos oito anos, Bruce viu seus pais

---

(122) CAILLOIS, Roger. *O mito e o homem*. Lisboa: Edições 70, 1972, p. 45.

serem assassinados em um assalto e a impunidade do assassino, devido à incapacidade da polícia e da justiça, despertou no garoto um implacável senso de justiça. Como explica Denny O'Neal, roteirista de muitas histórias do Batman nos anos 70, no prefácio da série Batman: Ano Um:

> A origem que Bob Kane e Bill Finger tinham criado, em 1939, era uma perfeita explanação de como e porque Batman veio a existir, porque ele continuou sua obsessiva cruzada e, talvez o mais importante, como o herói refletiu medos, frustrações e esperanças de um público leitor que lutava com as realidades da vida urbana do século vinte.[123]

Após a morte brutal dos pais, Bruce foi criado por seu tio, Philip Wayne, que o adotou. Nessa tarefa, contou com a ajuda do sempre leal mordomo da família, Alfred Pennyworth. Nos anos 50, durante a chamada Era de Prata dos quadrinhos, a origem do personagem seria recontada, desta feita excluindo a figura de Philip Wayne. O garoto teria sido criado, então, por Alfred, que acumularia as funções de mordomo e tutor legal, sendo auxiliado nessa tarefa pela médica Leslie Thompkins.

A casa em que Bruce Wayne nasceu e foi criado, a famosa Mansão Wayne, é por si só, uma grande referência iconográfica do universo do Batman, pois é em suas entranhas, em uma caverna equipada com um invejável aparato tecnológico, que funciona o quartel general do Homem Morcego. Bruce se apresenta ao mundo como um playboy frívolo e hedonista, que vive da herança deixada pelos pais, especialmente dos lucros advindos das Empresas Wayne. Para compensar a aparente prodigalidade, ele se dedica a ações de caridade, por intermédio da Fundação Wayne. Ao longo dos anos, o Batman colecionou uma série de outras denominações, como "Cruzado de Capa", "Detetive das Sombras", "Cavaleiro das Trevas", "Homem Morcego" "Cruzado Mascarado", "Cavaleiro de Gotham" e "O Maior Detetive do Mundo".

Diferentemente da grande maioria dos super-heróis, o Batman não possui superpoderes ou habilidades sobrehumanas. No combate ao crime, ele se vale de uma incomparável destreza física, de uma extremada perícia em diversas artes marciais, de uma inteligência superior e de uma capacidade de raciocínio inigualável. Além disso, sua fortuna lhe permite contar com aquilo que de melhor a ciência e a tecnologia podem oferecer. Seu arsenal inclui um sofisticado sistema de computadores, carros, helicópteros e armamento não letal. Curioso é que, em seus primórdios, o Batman fazia uso de armas de fogo para combater o crime, prática abandonada algum tempo depois.

No entanto, a mais poderosa arma do Cavaleiro das Trevas é a sua capacidade de provocar o medo e a intimidação nos criminosos. À maneira do que ocorre no poema O Morcego, de Augusto dos Anjos, o Batman funciona como um simulacro

---

(123) O'NEIL, Denny. *Apud* in: MILLER, Frank e MAZZUCCHELLI, David. Batman: *Ano Um*. São Paulo: Panini Comics, 2003, p. 06.

da consciência humana, sempre a postos para castigar os transgressores da lei. Essa persona, inspirada na figura do morcego, que age nas sombras e atua à margem da lei, tem como lar a fictícia cidade de Gotham City, uma metrópole claustrofóbica, violenta e decadente, onde pontuam mafiosos, políticos corruptos, serial killers, assaltantes, terroristas, policiais desonestos e uma assustadora galeria de vilões desajustados e disfuncionais, com absoluto destaque para o psicótico Coringa.

O Batman representa uma figura muito cara ao imaginário coletivo da sociedade norte-americana: o vigilante urbano. O combatente solitário que confronta e reprime os criminosos quando a polícia não tem condições de fazê-lo. Ocorre que a polícia é o órgão destinado a exercer o monopólio da força coercitiva estatal. Ao permitir que o Batman atue livremente, às vezes até mesmo recorrendo à sua ajuda, a polícia de Gotham mantém uma relação de ambigüidade com o Homem Morcego: reconhece a eficácia dos métodos do vigilante na pacificação das ruas, ao mesmo tempo em que faz dele um símbolo da própria incompetência.

A identificação que tantas pessoas possuem em relação ao Batman decorre do fato de ele ser um personagem verossímil, não porque seja um sujeito real, mas porque se apresenta como alguém que poderia ser real. Ele possui um forte senso de justiça, apresenta densidade psicológica que torna justificáveis suas ações, é avesso a maniqueísmos e age a partir de critérios éticos bem definidos, ainda que controversos. Sob uma perspectiva aristotélica, não é descabido pensar o Homem Morcego como uma pessoa virtuosa, disposta a sacrificar a própria vida para salvar a vida de terceiros, capaz de manter o autocontrole em situações extremas e apto a inspirar e servir de exemplo a outras pessoas.

Em sua cruzada contra o crime, Batman conta com o auxílio de alguns coadjuvantes, como o já mencionado Alfred Pennyworth, o comissário da policia Jim Gordon e o fiel escudeiro Robin, personagem criado em 1940, como contraponto à personalidade sorumbática do Homem Morcego. A primeira encarnação do Robin foi vivida pelo jovem órfão Dick Grayson, integrante de uma família circense, Os Graysons Voadores, assassinados por um chefe mafioso por terem se recusado a ceder a uma extorsão.

A influência do Homem Morcego na cultura pop ultrapassou a fronteira das histórias em quadrinhos e se estendeu pelo cinema, pelo rádio, pela televisão, pela animação e por toda uma gama de novas mídias que se tornaram possíveis com o desenvolvimento da informática, destacando-se os games (jogos eletrônicos). Sob uma perspectiva eminentemente capitalista, o alter-ego do bilionário Bruce Wayne se tornou um dos mais rentáveis pilares da indústria cultural.

O rol de personagens associados ao universo do Batman foi crescendo ao longo dos anos, e, nesse tópico, a sua imensa galeria de vilões merece uma citação à parte. Formada essencialmente por portadores de graves distúrbios psiquiátricos, essa galeria inclui figuras quase tão icônicas quanto o próprio Homem Morcego, tais como Coringa, Senhor Frio, Espantalho, Mulher Gato (que ocasionalmente abandona o mundo do crime para ajudar o Homem Morcego), Chapeleiro Louco, Pingüim, Morcego Humano, Duas-Caras, Hera Venenosa, Charada, Crocodilo, Cara de Barro, Ra's Al Ghul, Bane ou Harley Quinn.

Batman e Super-Homem são as matrizes a partir das quais outros personagens vieram a ser moldados nos anos 40. Praticamente todos os super-heróis criados naquele período foram concebidos a partir de alguma característica presente em um dos dois super-heróis mais populares da época. Carlos Eugênio Patati e Flávio Braga, estudiosos do universo dos quadrinhos, lecionam que "entre esses dois extremos típicos, dotados de forte valor icônico, nasceu a fisionomia de toda a geração inicial de super-heróis."(124)

## 3. Inimigos reais: Joseph McCarthy e Fredric Wertham são mais assustadores que o Coringa

Durante sua longa carreira, o Batman também sofreu diversas transformações, muitas delas refletindo também as próprias transformações pelas quais passava a sociedade norte-americana. Nos anos 50, os Estados Unidos viviam a plenitude da Guerra Fria e a perseguição impiedosa aos "comunistas" desencadeada pelo paranóico Senador Joseph McCarthy. Sob o estigma do Macarthismo, em 1954, o psiquiatra Fredric Wertham publicou o livro A Sedução dos Inocentes, no qual procurava demonstrar, baseado em argumentos pseudo-científicos, que a culpa pelos vícios e desvios de comportamento da juventude da época eram uma decorrência imediata do poder corruptor das histórias em quadrinhos.

De acordo com a visão de Wertham, a Mulher-Maravilha seria lésbica e sadomasoquista, e o Super-Homem seria um agente nazista infiltrado na sociedade norte-americana. Batman e Robin foram taxados de homossexuais e considerados uma péssima influência para os jovens. A intolerância presente na obra do psiquiatra alcançou níveis tão absurdos, que o congresso criou uma comissão especial para investigar a possível relação entre as histórias em quadrinhos e a delinquência juvenil.

O resultado foi a edição, ainda em 1954, do Comic Code Authority, lei que passou a disciplinar o mercado das HQs, impondo uma enorme restrição temática, inclusive permitindo a censura prévia às histórias. O reflexo do Macarthismo sobre histórias em quadrinhos acarretou a infantilização dos personagens e aboliu qualquer abordagem de cunho social. Datam dessa época alguns personagens destinados

---

(124) PATATI, Carlos Eugênio, e BRAGA, Flávio. *Almanaque dos quadrinhos*. Rio de Janeiro: Ediouro, 2006, p. 68.

a tornar mais palatável, por exemplo, a atuação do Homem Morcego, como a Batgirl e o inacreditável Bat-Cão. No prefácio à edição de O Cavaleiro das Trevas de 2006, Frank Miller escreveu:

> No início dos anos 50, um psiquiatra escreveu um livro absolutamente horrível que traumatizou minha amada forma de arte por uma geração.
>
> O trauma era absolutamente compreensível. Aquele livro horrível e os artigos relacionados, igualmente horríveis e mal elaborados, apelavam para o medo dos pais em relação aos próprios filhos, e inspiraram um clamor público que culminou em audiências no Congresso. As audiências foram inconclusivas, mas o governo americano havia erguido seu chicote censor. As HQs foram rotuladas como a principal razão da 'delinqüência juvenil' e os editores de quadrinhos, temendo por sua sobrevivência, rapidamente passaram a evitar qualquer conteúdo, de qualquer tipo, que pudesse ofender qualquer um, em qualquer lugar.
>
> (...)
>
> Não vale a pena citar o nome daquele psiquiatra lunático ou de seu livro absolutamente desprezível. Há muito o mundo se esqueceu dos dois.[125]

Não obstante, a mais marcante das mudanças sofridas pelo Homem Morcego talvez tenha ocorrido, exatamente, após o fim da paranóia macarthista. Graças a ela, a própria imagem do Batman como um justiceiro implacável se viu seriamente arranhada. Nos anos 60, a rede de TV ABC produziu uma série que, embora tenha sido um sucesso absoluto, colocou o até então carrancudo personagem em situações constrangedoras. Valendo-se de uma linguagem escrachada e adotando uma estética "camp" (uso de cores berrantes, de diálogos surreais e de cenário exageradamente artificiais), a série apresentou ao mundo um Batman caricato, rodeado de policiais ineptos e vilões histriônicos. O ator Adam West representou o papel durante os quase três anos em que a série foi ao ar, totalizando 120 episódios semanais, entre 1966 e 1968.

Da concepção visual farsesca, protagonizada por um Homem Morcego visivelmente fora de forma, que abusava de lutas coreografadas com o auxílio de onomatopéias, aos roteiros que insinuavam a existência de um relacionamento homoafetivo entre o solteirão Bruce Wayne e um Dick Grayson afetivamente vulnerável, tudo conspirou para a construção imagética do Batman como um bufão, quase um personagem da commedia dell'arte italiana, cuja característica mais evidente é a inescapável capacidade de rir de si mesmo. Essa visão herética e auto-depreciativa se fixou de tal modo no imaginário popular da época que a credibilidade do Batman como um personagem "sério", gravemente abalada, demoraria alguns anos para se recuperar.

---

(125) MILLER, Frank. *Batman*: O Cavaleiro das Trevas. São Paulo: Panini Comics, 2006, p. 6/7.

## 4. O Morcego se reergue lentamente

O último ano da década de 60 marca o início do longo processo de resgate da imagem do Cruzado de Capa. Graças ao roteirista Denis O'Neil e ao desenhista Neal Adams, que assumiram a revista do Homem Morcego em 1969, alguns elementos clássicos, que estavam presentes nos primórdios do personagem, foram novamente incorporados ao universo do Batman. O caráter sombrio e o estilo brutal de combater o crime voltaram a ser elementos indissociáveis de sua personalidade. As histórias desse período, além de recuperar parte da respeitabilidade do herói, tão arranhada pela série televisiva, catapultaram o Cruzado de Capa, novamente, ao panteão dos super-heróis mais influentes dos quadrinhos.

Adams é, certamente, um dos principais artífices da chamada Era de Bronze dos quadrinhos, cronologicamente situada entre o final da década de sessenta e o final da década de oitenta. Ativista político e extremamente engajado na luta dos artistas dos quadrinhos por um maior reconhecimento, ele se empenhou com muito afinco para que Jerry Siegel e Joe Shuster, criadores do Super-Homem que então viviam na obscuridade, obtivessem uma compensação financeira da DC Comics minimamente proporcional ao sucesso do personagem que haviam criado. Seu traço elegante e anatomicamente impecável ajudou a consolidar a identidade visual de vários personagens, como o Arqueiro Verde, o Lanterna Verde e o próprio Batman.

Mais que um desenhista talentoso, Neal Adams é uma daquelas figuras tão intensas e heróicas em sua luta contra o Golias da indústria cultural (ele conseguiu negociar com as editoras uma nova forma de pagamento de royalties aos desenhistas e roteiristas, além de ter inaugurado a prática de devolução dos desenhos originais aos artistas, que assim podiam vendê-los diretamente a colecionadores) que, no imaginário popular, adquiriu um status de figura "larger than life", isto é, de alguém maior que a própria vida. Embora não fosse formalmente o autor dos roteiros, eram as suas idéias que orientavam e direcionavam o trabalho de O'Neil. Para Dan Mazur e Alexander Danner:

> "Mas as suas realizações foram muito além do virtuosismo técnico: a representação que Adams fazia de seus personagens criava uma sensação de emoção e maturidade que era novidade nos quadrinhos.
>
> (...)
>
> A capacidade de Adams para criar heróis inseguros, com dúvidas plausíveis e sérias, apesar da musculatura idealizada e das roupas coladas ao corpo, foi um passo importante na evolução do gênero, especialmente quando aplicada à venerável franquia Batman". [(126)]

---

(126) MAZUR, Dan e DANNER, Alexander. *Quadrinhos*: História moderna de uma arte global. São Paulo: Martins Fontes, 2014, p. 45/46.

Portanto, era algo perfeitamente natural que Adams incorporasse ao universo do Homem Morcego temas mais candentes e polêmicos, como o tráfico de drogas, a exploração infantil, o racismo e, ainda que timidamente, a desigualdade social. Graças à ousadia de Neal Adams é que, finalmente, esses temas puderam aparecer nas páginas das revistas do Batman, libertando-o das garras infantilizantes do Macarthismo. Adams aprofundaria e radicalizaria a abordagem de temas polêmicos ao assumir o título do Arqueiro Verde, em 1970, dotando o personagem de uma dimensão humana que somente encontraria paralelo no trabalho que criadores como Frank Miller, Alan Moore, Neil Gaiman ou Grant Morrison apresentariam ao mundo quase quinze anos depois.

As décadas de 1970 e 1980 foram de intensas transformações sociais e políticas. A Guerra do Vietnã, a luta pelos direitos civis e o acirramento da Guerra Fria virtualmente tornaram inúteis as restrições contidas no código de censura das revistas em quadrinhos. Temas considerados tabus como sexo, drogas e violência não moderada puderam, graças à redução da censura, ser debatidos de maneira mais assertiva. Os heróis adotam uma postura mais reflexiva em relação ao mundo que os cerca e vivenciam conflitos e dramas internos que desafiam a postura unidimensional que os caracterizava, com raras exceções, durante a vigência plena do Comic Code Authority. Essa nova postura moral, ideológica e política tornou possível o surgimento de uma nova categoria de protagonistas das histórias em quadrinhos: os anti-heróis.

Personagens como o Motoqueiro Fantasma, o Justiceiro, Spawn ou Wolverine, violentos, amargos, cínicos e amorais, passaram a disputar a preferência dos leitores com super-heróis de estilo mais "tradicional". O sucesso dos anti-heróis, muitas vezes movidos não por um sentimento de justiça, mas sim por uma mistura de vingança, ódio ou frustração, foi decisivo para promover a maturidade emocional do universo das histórias em quadrinhos.

## 5. O Cavaleiro das Trevas, de Frank Miller

Na esteira dessas transformações, a década de oitenta trouxe a lume quatro obras que devolveriam ao Batman o status de figura proeminente no universo dos quadrinhos. Cada uma delas, à sua própria maneira, potencializa a natureza sombria e visceral do personagem. A primeira foi "The Dark Knight Returns", roteirizada e desenhada pelo superstar dos quadrinhos Frank Miller, em 1986. Miller havia construído uma vitoriosa carreira na Marvel, concorrente da DC, ao reformular um personagem de segunda linha, o Demolidor, e transformá-lo em um super-herói do primeiríssimo escalão. A aposta da DC em Miller foi plenamente recompensada, tanto do ponto de vista artístico quanto comercial. Só nos Estados Unidos, à época do lançamento, a série vendeu cinco milhões de exemplares, um recorde absoluto.

O Cavaleiro das Trevas, título da série no Brasil, foi publicado em quatro edições, em papel especial, e revolucionou não apenas a mitologia do personagem, mas também jogou por terra uma série de premissas bastante caras à lógica dos quadrinhos, como a necessidade de personagens bem delineados ideologicamente. Na *graphic novel*, boa parte dos personagens é construída não a partir do que efetivamente é, mas a partir do que está destinada a ser. Parafraseando Simone de Beauvoir, ninguém nasce um personagem de Frank Miller, torna-se um personagem de Frank Miller.

Não é por acaso que Miller propõe, no curso da história, uma estrutura não-linear de possibilidades, lançando mão de uma narrativa fragmentária, onde os acontecimentos se sucedem a partir de um encadeamento lógico singular. Tudo parece acontecer sob as vistas da mídia, todos os eventos são teoricamente observáveis, tanto que o surpreendente e o inesperado são trabalhados, exatamente, para não causar propriamente surpresa, mas impacto. Em Miller, o inesperado é a regra geral cotidiana e o elemento surpresa é mostrado como uma manifestação do banal.

No Cavaleiro das Trevas, ninguém é aquilo que se dispõe, voluntariamente, a ser, mas sim aquilo que as circunstâncias impõem que ele seja. Identificar onde e quando essas circunstâncias, que amalgamam a essência dos personagens, se manifestarão é um dos exercícios mais fascinantes que Miller propõe. Numa narrativa convencional, a relação entre causa e conseqüência é bastante explícita, mas o tratamento dado por Miller, em muitas passagens da trama, guarda mais semelhança com a estrutura narrativa de uma ópera que de uma história em quadrinhos. O inesperado, que por vezes se confunde com o banal, também é uma porta aberta para o dramático e para a inexorabilidade do destino.

A visão fatalista de Miller se manifesta em diversos momentos da narrativa. Batman arrisca a própria vida em uma queda de centenas de metros de altura para salvar o Duas-Caras, não porque este mereça alguma piedade, mas porque o Cavaleiro das Trevas precisa saber se o vilão é ou não é Harvey Dent. O fatalismo também está presente no caso do prefeito que, em um gesto de covardia suprema, se dispõe a implorar clemência ao líder da Gangue Mutante dentro da própria cela em que este foi encarcerado.

A abordagem adulta e realista, narrada em primeira pessoa, situa a história em um futuro não muito distante, no qual a sociedade é dominada pela onipresença midiática e povoada por uma malta de personagens cínicos e amorais. Uma distopia em que a atmosfera opressiva decorre do excesso de sensações, da iluminação feérica que emana dos letreiros luminosos sempre acesos, da onipresença do aparato midiático, do barulho ensurdecedor dos automóveis. A utilização de recursos sonoros (onomatopéias, gritos e ruídos), como elemento visual, dá à obra uma identidade e uma coesão gráficas até então inéditas.

Miller constrói uma realidade na qual o Batman, assim como outros super-heróis, foi aposentado compulsoriamente alguns anos antes do início da história. Bruce Wayne é um homem de meia idade, cínico e amargurado, com nenhum apreço pela vida que leva e, menos ainda, pelo mundo que o rodeia. Após presenciar a eclosão de uma inédita onda de violência em Gotham City, ele decide retomar a carreira, enfrentando alguns dos seus inimigos históricos, como o Duas-Caras e o Coringa. De acordo com Dan Mazur e Alexander Danner:

> "O Cavaleiro das Trevas oferece ao leitor uma enxurrada de informações e imagens correspondentes aos inúmeros aspectos dos problemas que relata. Ao mesmo tempo, aumentou o sentido de um Batman militante, preocupado e correto.
>
> (...)
>
> Além de estabelecer a possibilidade de os quadrinhos apresentarem descrições mais enérgicas de violência e criminalidade, O Cavaleiro das Trevas também estabeleceu Batman como um personagem adequado para explorar esses temas".(127)

O desafio se torna ainda mais grandioso quando Wayne constata as limitações físicas impostas pela idade – as dores nos músculos e articulações são recorrentes – ao mesmo tempo em que se vê obrigado a encarar a brutalidade de uma nova e impiedosa geração de criminosos que proliferam em uma Gotham mais caótica do que nunca. Miller não tem nenhum pudor em exibir, eloqüentemente, a sua própria visão de mundo, mesmo que isso implique em um desvirtuamento de algumas características muito peculiares do Batman.

Nesse sentido, pode-se traçar um paralelo com os filmes de Quentin Tarantino, quando ele se debruça sobre o western e ou sobre o romance policial e lhes rouba características tidas como intrínsecas, a ponto de subvertê-las completamente. Logo, da mesma maneira que acontece com o cineasta, a obra de Miller é disruptora, iconoclástica, subversiva, irreverente. Numa época marcada pela proeminência do pensamento politicamente correto, Miller conseguiu trazer ao mundo uma história repleta de cinismo, dubiedade moral, sexo, drogas e violência física e psicológica.

Ao mesmo tempo, Miller pôs uma garota no papel de Robin, o eterno auxiliar do Batman, que sempre havia sido reservado a figuras do sexo masculino. Abordagem semelhante à adotada por Tarantino em seus filmes, ao criar, por exemplo, um assassino de aluguel que recita versículos bíblicos ou um negro que venera o patrão, um odioso senhor de escravos, ao mesmo tempo em que despreza os negros que lutam pela abolição da escravatura.

O futuro, por outro lado, acaba se revelando bem menos inóspito ao Batman do que se poderia imaginar no início da história. O desconforto do Cavaleiro das Trevas com esses novos tempos se revela mais retórico que propriamente factual. Consumido por demônios internos cada vez mais furiosos, Batman se sente tão à vontade

---

(127) MAZUR, Dan e DANNER, Alexander. *Quadrinhos*: História moderna de uma arte global. São Paulo: Martins Fontes, 2014, p. 174/175

nessa Gotham caótica quanto na própria batcaverna. Ante a iminência de um combate com os policiais que deveriam prendê-lo, Batman verifica que eles estão devidamente equipados com uma indumentária antichoque. Satisfeito porque não precisará se conter, o Homem Morcego despeja sobre os policiais toda a sua fúria incontida.

Não menos importante, no universo de Miller como um quadrinista revolucionário, é a disposição gráfica que ele adota, muito próxima à estética utilizada por Tarantino. Concebida a partir de uma perspectiva cinematográfica, sua estética opulenta se reveste de uma arguta observação do meio sócio-político em que o Batman transita. Bruce Wayne não consegue exibir qualquer aptidão para o convívio social, pois está representando um papel o tempo inteiro. Nas festas que costuma freqüentar, por exemplo, ele põe refrigerante em seu copo de uísque. Já o Homem Morcego, tem uma compreensão indubitável do seu lugar no mundo. Batman é capaz de transitar dos becos mais escuros às mais elevadas esferas do poder. Ele descobre que um general vende armamento de uso restrito das forças armadas para as quadrilhas que infernizam Gotham, e aterroriza o militar, até levá-lo ao suicídio.

Muitas vezes, Batman banaliza a mesma violência que se propõe a combater. Em um determinado momento da trama, ele é instado a solucionar o bárbaro seqüestro de uma criança. Após invadir o cativeiro em que era mantido o bebê e estraçalhar alguns dos seus oponentes, ele faz com que os criminosos atirem uns contra os outros. Em seguida, quando o último sobrevivente ameaça matar a criança, Batman não hesita em utilizar uma metralhadora para dar cabo do bandido. Alheio à brutalidade que o cerca, o bebê apenas sorri e abraça o Homem Morcego, que acabara de dizimar seus carcereiros. O elemento simbólico da cena conclama, então, a uma discussão maquiavélica sobre preponderância dos fins sobre os meios. Para Ricardo Treoula:

> Com Batman, o resultado foi uma história extremamente violenta cujo protagonista passa a agir como juiz, júri e carrasco em sua cruzada. Miller tornou Batman uma criatura assustadora novamente, não só como uma figura gótica envolta em sombras, mas também por sua brutalidade. Fruto do olhar de Miller para a vida nova-iorquina na década de 1980 com o aumento dos desabrigados e da violência nas ruas, o personagem que emergiu da série era violento, frio e psicologicamente complexo como ele jamais fora. O Batman de Miller fazia exatamente o que os leitores da época queriam que ele fizesse, ele reagia a uma realidade cada vez mais violenta e assustadora[(128)].

Se a violência estilizada pode ser entendida como uma metáfora sobre os destinos da Pólis, não é menos verdade que ela, também, pode ser entendida como metáfora acerca do pathos, categoria psicanalítica oriunda do grego e, segundo a qual, o sofrimento é uma ligação afetiva subjacente a qualquer tipo de relacionamento humano. O homem seria, ontologicamente, destinado ao padecer, porque o sofrimento é uma

---

(128) TROULA, Ricardo. *Op cit* p. 169-170.

decorrência lógica de sua própria imperfeição. A partir daí, é que se podem buscar alguns conceitos psicanalíticos que Miller explora com argúcia, como apatia, a empatia ou a psicopatia.

Para Miller, uma pessoa desprovida de alteridade é uma pessoa que não merece a guarida do direito. O principal adversário do Batman na primeira fase da história, o líder da Gangue Mutante, seria então um sujeito de não-direito, porquanto incapaz de qualquer manifestação de empatia para com seu semelhante. Batman, fiel à sua visão sobre como essa ameaça deve ser tratada, decide responder à selvageria da Gangue Mutante com proporcional brutalidade, derrotando seu adversário, mais jovem, mais rápido e mais feroz, dentro de seu próprio território, para absoluta perplexidade de seus comandados. No futuro, todavia, ele conclamará os membros da quadrilha, órfãos de uma liderança "forte" devido à perda do seu líder, para impor a ordem em Gotham, quando os efeitos de uma catástrofe nuclear se manifestarem sobre a cidade.

O Coringa de Miller é um dos pontos altos da história. Imerso em um estado de catatonia que remonta à época da aposentadoria do Batman, ele está internado em uma instituição psiquiátrica há anos e emerge do seu estado letárgico, charmoso e remoçado, logo após as primeiras aparições do Batman, sem exibir qualquer vestígio da psicopatia que lhe é tão peculiar. Obviamente, se trata de uma máscara que ele usa unicamente com o intuito de escapar da prisão e confrontar o eterno rival, em um duelo de vida ou morte. Outro destaque da minissérie é a abordagem que Miller faz de Gotham City, incorporando a cidade à narrativa como um elemento essencial.

> A cidade de Gotham é um personagem na história. Quando Bill Finger caracterizou a cidade do Batman como Gotham ao invés de Nova York ou qualquer outra cidade real, ele criou um dos mais importantes personagens do universo do Homem Morcego. Além de abrir uma porta criativa para todos aqueles que trabalhariam com o personagem depois, Finger criou uma bandeira para que o personagem defendesse. Gotham é a cidade do Batman. E Miller não esquece dela, representado-a como uma versão exagerada da Nova York que o próprio quadrinista vivia. A história é uma investigação da mente torturada do personagem e sua relação com a cidade que ele jurou defender. Em O Cavaleiro das Trevas, Gotham é o palco de toda a ação e é utilizada por Miller como um elemento narrativo. De tempos em tempos ele utiliza uma visão panorâmica da cidade para quebrar o ritmo frenético da história, além de trabalhar constantemente a relação do personagem com a cidade.(129)

A visão de mundo liberal, entendida como contraponto ideológico ao pensamento conservador, merece de Miller uma crítica extremamente ácida. Corporificado na pessoa do Dr. Bartholomew Wolper, psiquiatra que cuida do Coringa, o discurso progressista é reproduzido com um viés de condescendência que beira o patético.

---

(129) Id. *ibid*. p. 180.

Wolper usa palavras empoladas e vazias para explicar os malefícios sociais acarretados pela atuação do Batman e, credulamente, é o maior entusiasta da aparente recuperação do Coringa. O mesmo olhar irônico se derrama sobre os pais da garota que incorpora o novo Robin, um casal liberal meio hippie. Enquanto vociferam contra o autoritarismo do Batman e fumam um baseado, eles sequer percebem que sua filha fugiu de casa.

Já a crítica mais visível à natureza pretensamente autoritária do Estado, por paradoxal que possa parecer, era dirigida ao então presidente dos Estados Unidos e símbolo máximo do neoliberalismo que marcou os anos 80, Ronald Reagan. Na história, o presidente é retratado como um político astucioso e moralmente dúbio, empenhado em estabelecer a supremacia norte-americana no mundo, mesmo que para isso tenha que fazer uso do seu poderoso arsenal nuclear.

O Super-Homem é mostrado como uma espécie "escoteiro azul", um fantoche sempre disposto a cumprir as ordens presidenciais sem nenhum questionamento ou crítica. Para acalmar os ânimos dos cidadãos norte-americanos, ante a iminência de uma guerra nuclear com os soviéticos, por conta de uma disputa sobre o fictício país de Corto Maltese, o presidente, fisicamente muito semelhante a Reagan, diz em seu discurso à nação:

> Ninguém está partindo pra cima deles com armas engatilhadas, mas também não vamos fugir da raia. Temos que assegurar o nosso... Aham... Lutar pela causa da liberdade. O bom povo de Corto Maltese quer a nossa presença lá. Podem perguntar a eles. Enquanto isso, vocês não têm com o que se preocupar. Deus está do nosso lado... Ou, pelo menos, alguém quase tão bom...[130]

A conclusão, apoteótica, mostra um improvável combate corpo a corpo entre o Batman e Super-Homem. O duelo, vencido pelo Homem Morcego, pode ser entendido como uma metáfora da eterna dicotomia representada pelo embate entre liberdade x segurança. O olhar de Miller se dirige à tênue linha que separa o uso legítimo da força da manifestação da força em seu estado mais primitivo e irracional. Em Miller, a civilização só poderá sobrepujar a barbárie se fizer uso das mesmas armas.

Ao colocar frente a frente duas visões diametralmente opostas de justiça, Miller propõe questões que dizem respeito à própria essência daquilo que move vigilantes como o Batman e seu paradoxo incontornável: é possível que um justiceiro, que faz uso imoderado da violência e da intimidação para combater a criminalidade urbana, possa transformar Gotham City em um lugar melhor? Em outro sentido, mais universal, indaga-se o inverso: é possível combater a violência urbana a partir de um paradigma civilizatório que restrinja a violência estatal a um elemento secundário, arrimando-se esse combate em um firme arcabouço institucional?

---

(130) MILLER, Frank. *Op cit* p. 123.

A fala de uma personagem, a jornalista Lana Lang, principal defensora midiática das ações do Batman em sua cruzada contra o crime, explicita os motivos da profunda aprovação social do Homem Morcego, dentro de uma sociedade acovardada e submetida a graus extremos de conflagração:

> Nós vivemos à sombra do crime, Ted, com a silenciosa certeza de que somos as vítimas... do medo, da violência e da impotência social. Um homem se ergueu para nos mostrar que o poder está e sempre estará em nossas mãos. Nós nos encontramos cercados e sob ataque. Ele está mostrando que podemos resistir.(131)

Batman, segundo Lang, é um símbolo de terror para seus inimigos, mas também é um símbolo de esperança para a sociedade. Esse discurso é muito caro a alguns segmentos da classe média e, feita a necessária contextualização histórica, pode ser percebido na gênese de organizações políticas de matriz fascista.

O individualismo exacerbado, que responde à violência com ainda mais violência, está efetivamente impregnado no discurso de Francisco Franco, na Espanha, de Adolf Hitler, na Alemanha, ou de Benito Mussolini, na Itália.

Miller constrói um final surpreendente e que, de certa forma, rompe com o maniqueísmo que, tradicionalmente, permeia as histórias de super-heróis: ao final do combate com o Superman, Batman sofre um ataque cardíaco e morre. Contudo, trata-se de um estratagema, planejado com a finalidade de ludibriar não apenas o Superman, mas também o governo, que desejavam vê-lo fora de ação. Após forjar a própria morte, Batman recruta diversos adolescentes, oriundos das gangues criminosas que infernizavam Gotham City, e decide formar um exército para combater a criminalidade. Em seu discurso, ele expõe seus propósitos e reflete sobre a própria obsolescência:

> Nós temos anos. Quantos forem necessários. Anos... para treinar, estudar e planejar... aqui, na interminável caverna, longe dos despojos de um justiceiro cujo tempo já passou. Aqui tem início... um exército... para trazer sentido ao mundo infectado por algo pior do que ladrões e assassinos. Será uma boa vida.(132)

Importante assinalar que no mesmo ano de 1986, o roteirista inglês Alan Moore lançava, também pela DC Comics, a graphic novel Watchmen, que provocou impacto semelhante no mundo dos quadrinhos. Embora sejam histórias completamente diferentes, do ponto de vista temático, ambas se equivalem, pela qualidade dos respectivos roteiros, pela criação de personagens multidimensionais, pela acidez dos diálogos, pela crueza das cenas de violência e, principalmente, pelo abandono do maniqueísmo que,

---

(131) Id. *Ibid*, p. 68.

(132) MILLER, Frank. *Op cit* p. 200.

geralmente, está associado ao universo dos super-heróis. Tanto é que, passados trinta anos, ambas conservam intactas a índole provocadora e a enorme influência.

As comparações entre as duas obras foram inevitáveis:

> Embora os dois títulos sejam normalmente colocados lado a lado no cânone da literatura de super-heróis, apresentam um contraste temático marcante: enquanto Miller traz táticas brutais de Batman como um baluarte necessário e louvável contra os criminosos de rua e intelectuais do crime, Moore pinta os super-heróis como criaturas ainda mais cheias de defeitos. A grande ironia de Watchmen é que Moore reacendeu a empolgação de muitos dos leitores para o gênero super-herói exatamente com o trabalho que ele esperava que fosse o seu epitáfio.[(133)]

## 6. Batman: Ano Um. A origem recontada

Frank Miller voltaria a se debruçar sobre o personagem em 1987, com a série Batman: Ano Um, na qual reconta as origens do Homem Morcego e descreve os percalços enfrentados por Bruce Wayne no início de sua carreira de combatente do crime. Nesta obra, Miller se responsabiliza apenas pelo roteiro, deixando as ilustrações a cargo do competente David Mazzuchelli.

A concepção gráfica usada em Ano Um é sóbria, com uma arte esteticamente muito próxima daquela utilizada nos anos 30 e 40. Se o tratamento visual observado em O Cavaleiro das Trevas era um banquete pantagruélico de cores e imagens, é possível encarar Ano Um como uma refeição sofisticada e minimalista. Em sua primeira incursão pelo universo do Batman, Frank Miller elaborou uma alegoria sobre o exercício do poder na sociedade. Em Ano Um, o que ele propõe é algo bem menos pretensioso: a representação momentânea de uma realidade, a partir das dúvidas de alguém que busca o seu lugar no mundo. O olhar universal da primeira obra dá lugar ao olhar eminentemente local da segunda.

Outra diferença diz respeito à personalidade do protagonista. Em O Cavaleiro das Trevas, Bruce Wayne é um homem calejado, que já ultrapassou todas as provações emocionais que a vida lhe impôs e que sabe exatamente como proceder em qualquer situação. Em Ano Um, ele está dando os seus primeiros passos, daí porque percebe-se um Batman naturalmente hesitante, que aos poucos vai adquirindo confiança, na medida em que vai aperfeiçoando as suas técnicas de abordagem furtiva e de intimidação. Alguns personagens, que se tornarão bastante importantes dentro do universo do Batman, são apresentados em Ano Um, como Selina Kyle (a futura Mulher-Gato), o promotor Harvey Dent e o mafioso Romano Falcone.

---

(133) MAZUR, Dan e DANNER, Alexander. *Op cit* p. 1766.

A narrativa é arrimada em dois eixos centrais que, aos poucos, irão convergir para dar coesão à história: a chegada do então inspetor James Gordon a Gotham City e o retorno de Bruce Wayne à cidade, após passar quase uma década viajando pelo mundo, a fim de aprimorar suas técnicas de combate. Gotham City é retratada como um antro de criminalidade, decadência e corrupção. Gordon é um dos poucos policiais honestos e sua disposição em manter-se limpo logo o indispõe com os colegas, que tentam, de todas as formas, inclusive sob ameaça física e chantagem, cooptá-lo.

Ao mesmo tempo, Bruce Wayne realiza suas primeiras tentativas de combate aos criminosos, usando apenas um disfarce para alterar sua aparência. Mal sucedido em sua primeira tentativa, ferido e quase conduzido ao xadrez por dois policiais que o abordaram, Wayne chega à conclusão de que é necessário mais que simples habilidade em combate para vencer a sua luta contra o crime: é preciso descobrir um meio de instilar o medo nos corações e mentes dos criminosos. É preciso deixar de ser um homem e se tornar um personagem, um ser mítico, e Wayne vai buscar inspiração em algumas de suas lembranças de infância mais aterradoras e dolorosas, para criar a figura do Batman.

A fim de impor a presença ameaçadora do seu alter-ego sobre a criminalidade de Gotham, Wayne transita pelos submundos mais obscuros e pelos salões mais elegantes, envergando uma versão ainda simplória do seu tradicional uniforme negro. Em uma das cenas mais memoráveis da história, Batman invade um banquete promovido pela plutocracia local, num ambiente de absoluta promiscuidade onde convivem políticos venais, juízes corruptos e capos mafiosos, e profere um curto, porém inesquecível, discurso: "Senhoras e senhores, vocês comeram bem. Comeram a riqueza de Gotham. Comeram seu espírito! O banquete acabou! De hoje em diante, nenhum de vocês estará a salvo".[134]

Naquele momento, ao confrontar as personalidades mais ricas e poderosas de Gotham e proferir para elas o seu discurso ameaçador, é a voz do mito que se faz ouvir. A surpreendente performance que o Batman faz a seus inimigos é, por si só, um evento ritualístico, que se repetirá com freqüência ao longo da narrativa. O aparecimento de um homem mascarado, todo trajado de negro e envolvido por uma capa esvoaçante, impõe aos seus "destinatários", os criminosos de Gotham, um significado física e psicologicamente relevante na construção simbólica do mito: o rito, isto é, a maneira pela qual o sujeito vivencia e elabora esse mito, uma vez que "Separado do rito, o mito perde, se não a sua razão de ser, pelo menos o melhor de sua força de exaltação: a capacidade de ser vivido".[135]

Não obstante, embora tenha enfrentado inimigos dotados de riqueza material comparável à sua própria fortuna pessoal, o conflito de Bruce Wayne contra o crime

(134) MILLER, Frank e MAZZUCCHELLI, David. *Op cit* p. 48.

(135) CAILLOIS, Roger. *Op cit* p. 25.

jamais se daria a partir de uma perspectiva de classe. O inquebrantável senso de justiça do Cruzado de Capa aflora quando um meliante subtrai a carteira de um transeunte qualquer, mas não parece se sensibilizar em face da iniqüidade social. Na abordagem que Miller imprime em sua obra, estabelecer alguma relação entre criminalidade e desigualdade social é algo completamente fora de cogitação.

## 7. O Palhaço do Crime: um inimigo à altura do Homem Morcego

A terceira obra que ajudou a redefinir a imagem do Batman foi "The Killing Joke", de 1988, escrita por Alan Moore, com desenhos do seu compatriota Brian Bolland. Lançada no Brasil como "Batman: A Piada Mortal", essa *graphic novel* tem como argumento central a relação entre Batman e seu arqui-inimigo Coringa, retratado como um psicopata violento, capaz de cometer as maiores atrocidades, sem qualquer tipo de remorso. Batman e Coringa são mostrados aqui como faces de uma mesma moeda, um funcionando como o arquétipo negativo e indispensável do seu oponente.

Um dos grandes mistérios das histórias em quadrinhos é solucionado por Moore nessa *graphic novel*: a origem do Coringa. Aqui ele é apresentado como um comediante mal sucedido que, às vésperas da paternidade e sem condições de sustentar o filho que vai chegar, é impelido a participar de um assalto a uma indústria química. A tentativa de assalto falha e, ao tentar escapar dos agentes de segurança, o sujeito sofre um acidente que o transfigura física e mentalmente. Nasce o Coringa, também um personagem trágico em suas origens, um homem incapaz de prover o sustento da própria família e que, por isso, sucumbe às zombarias do destino.

A insanidade do Coringa é mostrada em toda a sua inteireza. Na visão deformada do Palhaço do Crime, a fronteira entre sanidade e loucura não precisa de mais que um dia ruim para ser estilhaçada. Para provar seu ponto de vista, ele tortura barbaramente o comissário Jim Gordon e atira em sua filha, Barbara Gordon, tornando-a paraplégica. A intenção do vilão é enlouquecer o comissário, principal aliado do Homem Morcego, que sempre foi mostrado nas histórias em quadrinhos como um modelo de sobriedade e sensatez.

Para isso, o Coringa e seus cúmplices seviciam o policial de todas as formas, culminando por exibirem a Gordon uma série de fotos de sua filha, nua e gravemente ferida. Durante a luta com o Homem Morcego, o Coringa tenta explicar as raízes de seu desatino, ao mesmo tempo em que questiona a pretensa lucidez do adversário:

> Sabe, eu estou pouco ligando se vai me levar de volta pro asilo... Gordon enlouqueceu mesmo... Minha teoria está provada. Demonstrei que não há diferença entre mim e outro qualquer! Só é preciso um dia ruim para reduzir o mais são dos homens a um lunático. É essa a distância que me separa do mundo: apenas um dia ruim. Você teve um dia ruim uma vez, não é?

> Eu sei como é. A gente tem um dia ruim e tudo muda. Senão, porque você se vestiria como um rato voador? Seu dia ruim o deixou tão louco quanto qualquer um. Só que você não admite..." [(136)]

Os diferentes olhares do Coringa refletem a natureza caótica sua psique e antecipam o horror que ele é capaz de perpetrar. O Coringa não hesita em matar, mutilar, ou torturar suas vítimas, até que alguém consiga fazê-lo parar. O Batman é, virtualmente, um coadjuvante de luxo na história, cujo desfecho acontece em um parque de diversões. Contudo, a presença do herói é o elemento que dá coesão ao jogo de opostos criado por Moore. Numa das cenas mais impactantes, o herói e o vilão se confrontam em um salão de espelhos, uma maneira sutil de mostrar que um é o avesso absoluto do outro. Batman é a visão distorcida do Coringa e vice-versa.

Os papéis estão muito bem definidos nessa representação. O Coringa é um agente do caos, subversivo, anárquico, alguém que não possui nenhum controle sobre as informações sensoriais que recebe do mundo exterior e lida com elas de acordo com o seu humor momentâneo. Ele não tem uma personalidade real, é um fingidor em seu sentido mais orgânico, sempre pronto a romper qualquer vínculo social, em sua busca pelo prazer sem freios ou limites. Tal qual o Chacrinha, o Coringa veio ao mundo para confundir e não para explicar.

O Coringa é um hedonista difuso, alguém cujos desejos são indeterminados, fluidos, daí a sua íntima necessidade de recriar a si mesmo todos os dias, encarnando o papel de senhor da desordem. Ele vê o mundo como um enorme teatro do absurdo e vê a si mesmo como o seu mestre de cerimônia. A insanidade do Coringa, vertiginosa e imperturbavelmente maligna, define a sua conduta criminosa, fazendo-o a partir de uma ética que não pode ser dissociada do elemento racional, porque existe, exatamente, para negá-lo:

> Num ponto extremo, o racionalismo poderia paradoxalmente conceber uma loucura onde a razão não seria perturbada, mas que seria reconhecida pelo fato de toda vida moral ser falsificada, da vontade ser má. É na qualidade da vontade, e não na integridade da razão, que reside finalmente o segredo da loucura.
>
> (...)
>
> Não há exclusão entre loucura e crime, mas sim uma implicação que os une. O indivíduo pode ser um pouco mais insano, ou um pouco mais criminoso, mas até o fim a loucura mais extremada será assombrada pela maldade.[(137)]

O Batman, ao contrário do seu algoz, é alguém que parece ter o controle completo sobre si mesmo e sobre tudo o que se encontra em seu entorno. Ele é um

---

(136) MOORE, Alan e BOLLAND, Brian. *Batman*: A Piada Mortal. São Paulo: Panini Comics, 2009, p. 45.
(137) FOUCAULT, Michel. *História da Loucura na Idade Clássica*. São Paulo: Editora Perspectiva, 1978, p. 152/153.

agente da ordem, estóico, cartesiano, conservador, movido por uma lógica racional e bem delineada. O Cruzado de Capa dirige todo seu ímpeto físico e mental para destruir aquilo que identifica como "o mal", para esmagar as ações dos criminosos e, nesse propósito, encontrar alguma paz de espírito. O verdadeiro combate do Homem Morcego, de alguma forma eternamente coagulado no passado, é com o criminoso que lhe causou tanta dor na infância.

Ainda assim, por debaixo do manto da racionalidade, o Batman é um sujeito assombram por um terrível fardo psíquico. Se entendermos a psicose como uma estratégia mental primária de satisfação do desejo, uma reordenação do mundo sensorial por meio de uma re-interpretação das lembranças, dos afetos e das fantasias, o inconsciente de Bruce Wayne está, perpetuamente, promovendo um retorno ao seu estágio infantil, remetendo-o a uma promessa não cumprida de felicidade possível. O herói idealizado por Wayne é alguém que poderia ter salvo a vida de seus pais.

A Piada Mortal teve uma excelente acolhida por parte de público e crítica, sendo considerada um marco na mitologia do Cavaleiro das Trevas. Muitas idéias formuladas por Moore nessa história viriam a ser, futuramente, aproveitadas tanto nas histórias em quadrinhos como no cinema e nos videogames protagonizados pelo Batman. Ela recebeu o Prêmio Eisner, o mais importante da indústria dos quadrinhos, de "Melhor Graphic Novel" do ano de 1989 e ganhou uma versão animada em 2015.

## 8. Armadilhas da mente

O mergulho nos desvãos da personalidade do Batman e seu flerte com o insano são levados ao paroxismo em "Arkham Asylum: A Serious House on Serious Earth" (no Brasil, Asilo Arkham: Uma Séria Casa em um Sério Mundo), de 1989, escrita por Grant Morrison e ilustrada por Dave McKean. Esse mergulho na psique do Batman e em suas motivações é formulado a partir de uma investigação conduzida por ele no Asilo Elizabeth Arkham, manicômio judicial inaugurado em 1921, para onde são encaminhados os criminosos mais perigosos – e insanos – de Gotham City.

A história transcorre durante um violento motim promovido pelos internos, que exigem a presença do Homem Morcego como condição para se libertarem os reféns e se renderem. Ao mesmo tempo, Batman faz uma profunda imersão na história do manicômio, através dos diários do fundador do asilo, Dr. Amadeus Arkham. O Dr. Arkham é uma espécie de Simão Bacamarte, inesquecível personagem do conto O Alienista, de Machado de Assis, só que desprovido de qualquer elemento humorístico. O Asilo Arkham é a versão macabra da Casa Verde, instituição criada por Bacamarte para confinar os doentes mentais em um mesmo ambiente.

Na obra de Machado de Assis, o médico se estabelece na cidade de Itaguaí, decidido encontrar uma cura para os distúrbios mentais dos moradores da região. Para isso, Dr. Bacamarte entende ser necessário interná-los em uma instituição adequada. No desenrolar da trama, o módico identifica transtornos psiquiátricos em virtualmente todos os habitantes da cidade: o barbeiro, o advogado, o boticário, o padre e até mesmo o juiz eram, de acordo com o criterioso diagnóstico do Dr. Bacamarte, portadores de grave patologia mental.

Apesar da diferença de abordagem, que no conto de Machado é essencialmente satírica, é possível perceber algumas semelhanças entre Amadeus Arkham e Simão Bacamarte. A mais evidente delas é que ambos terminam seus dias confinados nas mesmas instituições que construíram. Curiosamente, também há, nas duas histórias, uma rebelião em curso: n'O Alienista são os cidadãos, liderados pelo barbeiro, que se rebelam contra o comportamento cada vez mais arbitrário do Dr. Bacamarte. O motim dos cidadãos de Itaguaí acontece de fora para dentro. Já na obra de Morrison, são os internos que se rebelam, ou seja, é uma revolta que se desenvolve de dentro para fora.

A maior diferença reside no fato de que no conto de Machado a loucura é apenas um elemento circunstancial, um artifício narrativo que o autor utiliza para tecer a crítica de costumes. Em Morrison, a loucura é um elemento transbordante, o eixo central da narrativa, a força motriz que dá sentido à história, toda ela assentada na dicotomia insanidade x normalidade. A onipresença da insanidade é explicitada por uma pequena frase extraída, exatamente, dos diários do Dr. Arkham: "A casa é um organismo faminto por loucura. É o labirinto que sonha. E eu estou perdido".[138]

A referência literária mais visível em Asilo Arkham é Lewis Carroll. Com efeito, ao longo da narrativa pululam ecos das duas mais famosas do escritor britânico: Alice no País das Maravilhas (1865) e Alice no País do Espelho (1871). Tal qual a garota Alice, o Cruzado de Capa é lançado em um universo singular e completamente desconhecido, onde tudo é surpreendente. Os diálogos travados por Batman com alguns dos internos remetam às conversas que Alice mantém com o Gato de Cheshire no primeiro livro. Quando a garota pergunta ao Gato qual o tipo de pessoa habita aquele lugar, estabelecem um diálogo nos seguintes termos:

> "*'Nesta direção', disse o Gato girando a pata direita, 'mora um Chapeleiro. E nesta direção', apontando com a pata esquerda, 'mora uma Lebre de Março. Visite quem você quiser, são ambos loucos'.*
>
> *'Mas eu não ando com loucos', observou Alice.*
>
> 'Oh! Você não tem como evitar', disse o Gato, 'somos todos loucos por aqui. Eu sou louco, você é louca'.

---

(138) MORRISON, Grant e MCKEAN, Dave. *Asilo Arkham*: Uma Séria Casa em Um Sério Mundo. São Paulo: Panini Comics, 2012, p. 79.

*'Como é que sabe que eu sou louca?' disse Alice.*

*'Você deve ser', disse o Gato, 'senão não teria vindo para cá'.*"[139]

De alguma forma, se o Batman está em Arkham, é porque ele é tão insano quanto seus internos. Ao proporcionar uma descida do Homem Morcego ao inferno, aqui representado por Arkham e seus habitantes, Morrison explora, com maestria, a natureza perversa da relação entre o Cavaleiro das Trevas e sua galeria de vilões. À medida em que se depara com alguns dos seus adversários mais mortíferos, Batman é obrigado a questionar a escuridão psicológica em que vive. Pior: ele se vê forçado a olhar para si próprio como alguém bem mais parecido com seus antagonistas do que ele próprio gostaria de acreditar.

Logo nas primeiras páginas, quando Batman decide adentrar em Arkham, o Comissário Gordon tenta lhe demover da idéia. O policial afirma que compreende se ele estiver com medo de ingressar sozinho naquele lugar e propõe que ele seja acompanhado por um esquadrão especial, ao que o Homem Morcego retruca:

> Isto é algo que preciso fazer. Medo? Batman não tem medo de nada. Sou eu. É de mim que tenho medo. Medo de que o Coringa esteja certo sobre mim. Às vezes eu questiono a racionalidade das minhas ações. Estou com medo de que, quando atravessar os portões do asilo... Quando eu entrar no Arkham e as portas se fecharem atrás de mim... Vai ser como voltar para casa.[140]

Arkham é um modelo clássico de centro de detenção manicomial, cuja principal finalidade é enclausurar e segregar aqueles que se mostram portadores de algum tipo grave de inaptidão psicológica. A cura dos internos não parece estar entre as principais preocupações dos administradores do asilo. Sob esse ponto de vista, Arkham é uma herdeira direta das chamadas "Casas de Internamento" criadas na Europa durante o século XVII, em especial com o Hospital Geral, fundado em 1656, em Paris. Foucault recorda que:

> Soberania quase absoluta, jurisdição sem apelações, direito de execução contra o qual nada pode prevalecer o Hospital Geral é um estranho poder que o rei estabelece entre a polícia e a justiça, nos limites da lei: é a terceira ordem da repressão. Os alienados que Pinel encontrou em Bicêtre e na Salpêtrière pertenciam a esse universo. Em seu funcionamento, ou em seus propósitos, o Hospital Geral não se assemelha a nenhuma idéia médica. É uma instância da ordem, da ordem monárquica e burguesa que se organiza na França nessa mesma época. Está diretamente ligado ao poder real que o colocou sob a autoridade única do governo civil; o Grande Dispensário do Reino, que constituía antes, na política da assistência, a mediação eclesiástica e espiritual; vê-se repentinamente posto para fora de circuito".[141]

---

(139) CARROLL, Lewis. *Alice no País das Maravilhas*. Coleção L&PM Pocket, n. 378. Porto Alegre: L&PM, 2004, 84/85.

(140) MORRISON, Grant e MCKEAN, Dave. *Op cit* p. 25.

(141) FOUCAULT, Michel. 1978. *Op cit* p. 57.

A purgação da insanidade mental está envolta por um elemento ritualístico análogo ao exorcismo. O Hospital Geral existe para "atribuir uma mesma pátria aos pobres, aos desempregados, aos correcionários e aos insanos"(142). O asilo, o local natural da loucura, dos socialmente indesejáveis, dos excluídos, dos párias, sendo um *locus* muito mais complexo do que os muros e as grades que o circundam. A narrativa fragmentária, repleta de simbolismos e metáforas, e o clima aflitivo das ilustrações, concebidas como uma ponte entre o expressionismo e o surrealismo, delimitam o ambiente física e psicologicamente claustrofóbico em que a trama se desenrola. Arkham é, pois, o local ideal para o exorcismo moral que aqueles transgressores merecem.

A obra é um atestado da maturidade das histórias em quadrinhos enquanto manifestação artística e transcende o simples entretenimento, graças ao perfeito casamento de uma construção gráfica desafiadora com um texto profundo e rico de significados. McKean cria uma ambientação labiríntica, como se os personagens vivessem em um eterno pesadelo. A história também é pontuada por alguns dos diálogos mais bem construídos da mitologia do Homem Morcego.

O encontro com o Chapeleiro Maluco, que nessa obra explicita sua natureza pedófila, apenas sugerida em outras histórias, traz referências explícitas à obra de Carroll, não apenas porque o vilão tem seu nome extraído de um personagem de Alice no País das Maravilhas, mas também porque se apresenta, graficamente, em termos muito semelhantes a outro personagem do livro, a Lagarta Azul, que está sempre fumando um narguilé. Em seu diálogo com o vilão, Batman é confrontado com as perturbadoras palavras:

> A aparente desordem do universo é só uma ordem mais elevada, uma intrincada ordem além da nossa compreensão. Por isso as crianças... Me interessam. São todas loucas, mas, em cada uma, há um adulto intrincado. Ordem gerada do caos. Ou caos gerado da ordem. Conhecê-las é conhecer a mim mesmo.
>
> (...)
>
> Às vezes, acho que o asilo é uma cabeça. Estamos dentro de uma cabeça que nos sonha. Talvez seja a sua cabeça, Batman. Arkham é um país dos espelhos. E nós somos você.(143)

Boa parte da assustadora galeria de inimigos do Homem Morcego aparece em "Arkham Asylum", destacando-se a pequena, porém absolutamente inesquecível, participação do Coringa, que comete a heresia de apalpar, debochada e sorrateiramente, o traseiro de um perplexo Batman. Após ter liderado a rebelião e haver exigido a presença do seu arqui-rival em Arkham, o Coringa se apresenta como um cicerone macabro, uma espécie de Caronte tresloucado, que irá conduzir o Cavaleiro das Trevas à sua mais desafiadora experiência.

---

(142) FOUCAULT, Michel. 1978. *Op cit* p. 55.
(143) MORRISON, Grant e MCKEAN, Dave. *Op cit* p. 75.

O confinamento físico a que estão submetidos os internos de Arkham é um preço muito baixo a pagar, se comparado à absoluta liberdade mental que desfrutam. Provocativo, o Coringa desafia o Batman, quando este anuncia que os internos estão livres: "Ah! Nós já sabemos. Mas, e você? Veio reclamar sua camisa-de-força? Ou só quer que acabemos com a pobre e miserável criatura que você é?".[144]

Manuseando alguns dos cânones mais identificados com a literatura de horror, Morrison constrói uma atmosfera dramática bastante densa, utilizando com muita perspicácia o tempo como elemento simbólico, geralmente sob a forma do relógio, que aparece em praticamente toda a história do Dr. Arkham.

É o tempo que assombra o seu mundo e que serve como pano de fundo para a angústia e tragédia que, gradual e inexoravelmente, irão consumir a sanidade do médico. Em diversas cenas da graphic novel, é possível perceber as engrenagens de um relógio em funcionamento, evidenciando um sentimento de mau presságio que permeia a sua lenta descida à loucura.

Não coincidentemente, toda a ação protagonizada pelo Batman transcorre no Dia da Mentira, o que é especialmente apropriado porque Bruce Wayne vive uma grande mentira. Quando ele é obrigado a sair da zona de conforto que uma identidade alternativa lhe proporciona, vemos emergir um aspecto cético, uma descrença no poder da razão em face do irracional, que, por paradoxal que seja, lhe dá a força moral necessária para concluir sua peregrinação. O simbolismo abundante que permeia a obra, incluindo uma assustadora cena em que uma casa de bonecas serve como representação da perversão da inocência, é elemento essencial para criar a atmosfera de horror psicológico construída por Morrison e McKean.

Pela leitura dos diários do Dr. Arkham, fica-se sabendo que alguns anos antes de fundar o asilo, ele havia auxiliado a justiça ao diagnosticar a patologia mental de um assassino serial de mulheres, Martin "Mad Dog" Hawkins, que é encaminhado para uma penitenciária comum. Esse fato é decisivo para que Arkham resolva criar uma instituição adequada para tratar esse tipo de paciente. Algum tempo depois, durante sua folga, Amadeus é procurado pela polícia, que o informa sobre a fuga de Hawkins. O médico se recusa a auxiliar os policiais e, dias depois, ao chegar em casa, vê que sua esposa e sua filha foram assassinadas por Martin Hawkins.

Irmanados por uma tragédia brutal, Bruce Wayne e Amadeus Arkham respondem de maneira distinta ao trauma. Bruce cria o Batman, um símbolo de invulnerabilidade, um amuleto que o protege de seus inimigos. Mas, ao perceber que essa dependência o torna muito semelhante a seus algozes, Wayne questiona a legitimidade de suas motivações. Ele tem plena consciência de que vestir-se como um morcego não é uma atitude "normal", mas tenta se arrimar em propósitos moralmente muito rígidos para

(144) MORRISON, Grant e MCKEAN, Dave. *Op cit* p. 112.

continuar a vestir a fantasia do Batman. O temor de Bruce Wayne, o ser humano aparentemente racional, é o temor que acompanha quem caminha sobre as franjas do precipício da insanidade.

O grau de perturbação a que Batman é submetido é tão brutal que, em uma cena particularmente chocante, ele se vê obrigado a introduzir um pedaço de vidro na palma da mão, a fim de tentar retomar o controle de sua personalidade. Essa atitude remete a uma passagem importante na vida do pintor Vincent Van Gogh que, em dezembro de 1888, durante um violento surto psicótico, arrancou parte da sua orelha esquerda com uma faca. Para o Homem Morcego, assim como para o pintor holandês, o tormento físico é preferível ao psicológico. Em determinado momento, também Amadeus Arkham comete a automutilação, ao arrancar as próprias unhas, durante uma desesperada tentativa de ver seu reflexo no espelho. Nos três casos, há três espíritos atormentados que recorrem a um método heterodoxamente empírico, na tentativa de resgatar a racionalidade.

As trajetórias de Batman e Amadeus Arkham caminham paralelamente e, embora o psiquiatra tenha vivido mais de meio século antes, as semelhanças entre os dois homens vão crescendo à medida em que história avança. As raízes dessa simetria são encontradas nos diários de Arkham. Inicialmente escritos em um tom evocativo e nostálgico, eles vão exibindo um conteúdo cada vez mais dramático, à medida em que a ação se desenrola no presente. No final, a conexão entre os dois finalmente se revela e traz mais desconforto que alívio, tanto para o Batman quanto para o leitor.

Morrison subverte completamente a lógica estrutural das histórias de super-herói, situando sua narrativa em um universo mais próximo à linguagem dos contos de fadas que das histórias em quadrinhos. O escritor nos introduz a uma aterradora visão da humanidade, concebida a partir do ponto de vista de pessoas tão demasiadamente perturbadas e/ou mentalmente vulneráveis, que vivem em um mundo apartado daquele considerado normal. Em sua obra, a primazia do fundamento racional cartesiano para explicar o mundo e seus fenômenos é posta em cheque de maneira bastante veemente.

A verdadeira realidade é aquela que se apresenta aos olhos das pessoas ditas normais, dotadas de uma capacidade "racional" de interpretar o mundo, ou é aquela que é filtrada por um espírito profundamente atormentado? Quanto do intérprete se derrama por sobre o objeto interpretado? As questões suscitadas por Morrison remetem ao problema proposto por Friedrich Nietzsche: "Quem deve enfrentar monstros deve permanecer atento para não se tornar também um monstro. Se olhares demasiado tempo dentro de um abismo, o abismo acabará por olhar dentro de ti".[(145)]

A arte de McKean reproduz o olhar distorcido da loucura, que presumivelmente reveste o objeto visto com elevadas doses de anarquia, feiúra e deformidade. Ao final,

(145) NIETZSCHE, Friedrich. Além do Bem e do Mal. Curitiba: Hemus S/A, 2001, p. 89.

enquanto Arkham sucumbe à própria insanidade e termina seus dias encarcerado no reformatório que ele próprio criou, Batman vence as suas fobias e emerge daquela viagem ao inferno como um homem renascido. O último registro consignado nos diários do Dr. Arkham mostra um homem resignado com seu destino: "Vejo agora a virtude na loucura, pois este país não conhece lei nem fronteiras. Tenho pena das pobres sombras confinadas na prisão euclidiana que é a sanidade. Todas as coisas são possíveis aqui, e eu sou aquilo que a loucura fez de mim. Inteiro. Completo. E livre, afinal. Eu sou Arkham. Estou em casa. Em meu lugar".[146]

Arkham consegue se vingar do assassinato da mulher e da filha mas é castigado com a perda da sanidade. Já o Batman fez uma jornada inversa. Ele não conseguiu se vingar do assassino de seus pais, mas foi bem sucedido em ultrapassar os obstáculos físicos e mentais que lhe foram impostos e concluir a sua jornada interior. Manteve intacta a lucidez. Pode, finalmente, reclamar para si o prêmio por essa vitória íntima, embora já não esteja mais tão convicto acerca da primazia da racionalidade: "Sou mais forte do que eles. Do que este lugar. Eles precisam saber... Arkham tinha razão. Às vezes, é só a loucura que nos faz ser aquilo que somos. Ou talvez o destino".[147]

Morrison deixa aberta a porta das possibilidades, sugerindo que o êxito do Homem Morcego em sua jornada pessoal não seja um triunfo duradouro, apenas uma conquista efêmera. Acompanhado pelo Coringa, Batman ouve do rival as perturbadoras palavras: "A separação é um momento tão triste, meu amor. Você não pode reclamar que não se divertiu. No Asilo. Vá curtir a vida lá fora... E não esqueça que, se a barra pesar... Sempre vai ter um lugarzinho pra você aqui".[148]

## 9. Batman no cinema

As intervenções da trinca Miller, Moore e Morrison na mitologia do Homem Morcego fizeram explodir a popularidade do personagem e animaram os executivos da Warner Brothers a investir em um novo filão. Após um hiato de quase 40 anos – as primeiras incursões pelo cinema ocorreram por meio de duas séries produzidas, respectivamente, em 1943 e 1949 pela Columbia Pictures – o Batman ganharia, em 1989, uma nova versão cinematográfica. O estúdio escolheu para a tarefa um diretor extremamente criativo e nem um pouco ortodoxo, que, na época, dava seus primeiros passos em Hollywood: Tim Burton.

Burton tomou algumas liberdades com o personagem e, de início, desagradou os fãs ao escolher o franzino e pouco expressivo Michael Keaton para o papel principal.

---

(146) MORRISON, Grant e MCKEAN, Dave. *Op cit* p. 103/104.
(147) MORRISON, Grant e MCKEAN, Dave. *Op cit* p. 109.
(148) MORRISON, Grant e MCKEAN, Dave. *Op cit* p. 115.

Com uma fotografia opressiva, esteticamente tributária do expressionismo alemão, o diretor entregou um filme que consegue entreter, sem tripudiar da inteligência do espectador. A trilha sonora fez tanto sucesso quanto o filme e foi posta aos cuidados de Prince, que se encontrava em um momento particularmente criativo de sua carreira. O filme foi um notável sucesso de crítica e público, com destaque absoluto para o carismático Jack Nicholson, que interpreta um zombeteiro e, ao mesmo tempo assustador, Coringa.

A Warner lançaria, nos anos seguintes, outras três seqüências do Cruzado de Capa, na esteira do filme de Burton: Batman Returns (em 1992), com o mesmo diretor, Batman Forever (em 1995) e Batman & Robin (em 1997), estes dois últimos sob a direção do burocrático Joel Schumacher e que redundaram em clamorosos fracassos de público e crítica. Seriam necessários quase dez anos para que o Batman retornasse à tela grande.

Nos quatro filmes dessa fase, produzidos entre 1989 e 1997, o Batman segue um viés completamente voltado para o aspecto do entretenimento. Não há praticamente nenhuma profundidade psicológica em suas motivações e, tampouco, há qualquer referência de cunho político em suas atitudes. Especialmente nos filmes dirigidos por Schumacher, o Batman que emerge é um personagem infantilizado e vazio, ao contrário do que acontecia nas histórias em quadrinhos do Homem Morcego publicadas naquele período.

Foi o caso, por exemplo, do arco de histórias intitulado Batman: O Longo Dia das Bruxas, com roteiro de Jeph Loeb e ilustrações de Tim Sale, publicado originalmente entre 1996 e 1997, exatamente quando o último filme do Batman estava sendo lançado nos cinemas. Concebido como um violento conto de investigação criminal, O Longo Dia das Bruxas reelabora alguns cânones da mitologia do Homem Morcego e reconta alguns eventos importantes da sua trajetória, como, por exemplo, a transformação do severo promotor Harvey Dent no pavoroso Duas-Caras. Merecidamente, a obra recebeu o Prêmio Eisner em 1998, na categoria "Melhor Minissérie" e é uma obra quase tão envolvente e perturbadora quanto as criações de Frank Miller, Alan Moore e Grant Morrison.

As versões cinematográficas perpetradas por Schumacher se encontram perfeitamente inseridas em uma vertente muito cara à indústria cultural: a dos espetáculos de entretenimento desprovidos de qualquer substância, dotados de profundidade dramática nenhuma e destinados a uma massa de consumidores que irá recebê-los sem qualquer criticidade. São representantes dos mais dignos daquilo que a cultura de massa tem de pior e mais rasteiro. Como lembra Marilena Chauí:

> Como cultura de massa, as obras de pensamento e de arte tendem: de expressivas, tornarem-se reprodutivas e repetitivas; de trabalho da criação, tornarem-se ventos para consumo; de experimentação do novo, tornarem-se

consagração do consagrado pela moda e pelo consumo; de duradouras, tornarem-se parte do mercado da moda, passageiro, efêmero, sem passado e sem futuro; de formas de conhecimento que desvendam a realidade e instituem relações com o verdadeiro, tornarem-se dissimulação, ilusão falsificadora, publicidade e propaganda. Mais do que isso. A chamada cultura de massa se apropria das obras culturais para consumi-las, devorá-las, destruí-las, nulificá-las em simulacros. Justamente porque o espetáculo se torna simulacro e o simulacro se põe como entretenimento, os meios de comunicação de massa transformam tudo em entretenimento (guerras, genocídios, greves, festas, cerimônias religiosas, tragédias, políticas, catástrofes naturais e das cidades, obras de arte, obras de pensamento). É isto o mercado cultural".(149)

A maior contribuição cinematográfica para a mitologia do Batman veio pelas mãos do inglês Christopher Nolan, que dirigiu uma formidável trilogia do personagem, redefinindo, sob vários aspectos, diversas características de sua personalidade. Iniciada em 2005 com Batman Begins, essa trilogia se converteu em um dos maiores sucessos cinematográficos de todos os tempos, com bilheterias na casa dos bilhões de dólares. O primeiro filme reconta as origens do Homem Morcego, dando ênfase ao período em que Bruce Wayne viajou pelo mundo a fim de aprender e aperfeiçoar suas habilidades em combate. Embora seja bastante competente do ponto de vista técnico, a película pouco acrescenta à mitologia do Batman, já que o objetivo da trama era fazer a apresentação do personagem, expor as suas motivações primárias e dar uma visão geral sobre o submundo de Gotham City.

Em 2008 foi a vez de The Dark Knight, muito mais ambicioso e complexo do ponto de vista dos dilemas éticos e morais que suscita. No segundo filme da série, Nolan se mostra mais ousado e propõe, entre outras coisas, uma acalorada discussão acerca dos limites entre o bem e o mal. Como ocorre nos melhores momentos da obra de Frank Miller, Nolan mostra que essa fronteira é, muitas vezes, absolutamente indistinguível.

Dois momentos simbolizam essa discussão de maneira bastante clara: a transformação do enérgico promotor de justiça Harvey Dent no tenebroso vilão Duas-Caras, a partir de um trauma físico e emocional tão intenso quanto aquele que se encontra na origem do Batman, e a cena em que dois barcos, lotados de pessoas (um deles conduz pessoas comuns e o outro está cheio de criminosos que seriam transferidos de uma prisão para outra), são submetidos a uma iminente e solerte ameaça por parte do Coringa. Aliás, o filme se torna memorável também por ter servido de veículo para o talento do ator Heath Ledger, falecido pouco depois das filmagens, cuja inesquecível atuação como Coringa lhe rendeu, postumamente, o Oscar de Melhor Ator Coadjuvante.

---

(149) CHAUÍ, Marilena. Cultura e democracia. Artigo publicado em: Crítica y emancipación: *Revista latinoamericana de Ciencias Sociales*. Año 1, n. 1 (jun. 2008). Buenos Aires: CLACSO, 2008, p. 61.

## 10. O Estado Gotham City: toda indignação popular será castigada

No terceiro e último filme da série, The Dark Knight Rises (2012), o diretor explicita algumas idéias acerca do Estado que Miller, em sua obra de 1986, apenas tangenciava. A película mostra Batman envolvido em uma luta ferrenha contra a Liga das Sombras, organização criminosa liderada por Bane que, após uma série de ações coordenadas e extremamente violentas, chega ao poder em Gotham City. O governo norte-americano nada pode fazer, pois Bane e seus asseclas conseguem isolar a cidade e ameaçam usar uma bomba nuclear, caso Washington tente intervir de alguma maneira.

A Liga das Sombras representa uma visão caricata de movimentos sociais que têm se insurgido ao redor do mundo contra a nova ordem representada pelas poderosas corporações, como o Occupy. Ela assalta o poder ao mesmo tempo em que promove uma ofensiva político-ideológica radical. Uma de suas primeiras medidas é promover "julgamentos" de pessoas minimamente identificadas com a "antiga" ordem social, vistas como "opressores" que merecem, inescapavelmente, a eliminação física.

A punição é decidida e aplicada em "tribunais populares", e qualquer semelhança com os julgamentos e expurgos promovidos pelos países socialistas na primeira metade do século XX não é mera coincidência. A idéia subjacente, e que pode ser observada no zênite do pensamento ultraconservador, é a de a chegada de que qualquer movimento popular ao poder implicará na institucionalização da barbárie. Bane é o movimento Occupy Wall Street levado ao paroxismo total, a revolução suprema dos 99% contra o domínio das elites econômico-sociais.

Batman e seu voluntarismo heróico representam, exatamente, o oposto da ordem proposta pela Liga das Sombras, embora ambos guardem alguns pontos de tangência. Tanto um como outro repelem as garantias mínimas que oxigenam o ambiente democrático, como o direito ao juiz natural, à ampla defesa e ao contraditório. Importante frisar que na cronologia da série, considerando-se o tempo que se passa entre o segundo e o terceiro filme, Gotham City esteve regulada pela chamada Lei Dent.

Essa lei, elaborada após a morte de Harvey Dent (a população desconhecia a sua transformação em Duas-Caras), exacerba os poderes coercitivos do Estado e cria um verdadeiro estado policial. Apesar de seus resultados significativos no que tange à redução dos índices de criminalidade, a Lei Dent só conseguiu esses resultados sacrificando, exatamente, muitos dos direitos e garantias que distinguem um regime democrático de um regime de exceção.

A Lei Dent guarda enorme semelhança com o Patriot Act 1, decreto assinado em 26 de outubro de 2001 pelo presidente George W. Bush como resposta à enorme comoção social provocada pelos atentados de 11 de Setembro de 2001. Entre as afrontas às garantias individuais permitidas pelo Patriot Act 1, estão a possibilidade de interceptação de ligações telefônicas e e-mails de organizações e pessoas suspeitas de envolvimento com o terrorismo, sem necessidade de determinação judicial, a autorização para a prisão de suspeitos de envolvimento em atos terroristas, independentemente da existência de mandado judicial e a possibilidade de monitorar conversas entre advogado e cliente, em prisões federais.

Muitos dos suspeitos presos com base nos ditames do Patriot Act 1 foram mandados para a prisão de Guantánamo, localizada na base naval de mesmo nome, em Cuba. Ali permanecem centenas de pessoas sem que tenham sido formalmente acusadas e à espera de julgamento. No filme, a prisão fictícia de Blackgate, localizada em uma pequena ilha da Baía de Gotham e que, nas histórias em quadrinhos, foi diversas vezes denunciada pela Anistia Internacional, é um elemento simbólico tão contundente quanto a de Guantánamo na vida real: em ambas, os presos estão submetidos a toda sorte de violações de seus direitos fundamentais.

Como percebeu Foucault, a punição pela prática de um crime é uma representação moral, e sua expressão contemporânea mais difundida, o encarceramento em estabelecimentos penais, é mais que a mera supressão jurídica da liberdade, mas um elemento essencial na recodificação da existência do condenado, que não apenas objetiva punir a conduta delitiva como, também, servir como exemplo pedagógico, no intuito de inibir novas práticas delituosas. O encarceramento conjuga três vetores igualmente importantes: o isolamento físico do condenado, a imposição de atividades laborais forçadas e a duração e graduação do castigo de acordo com o crime cometido. Assim:

> "A prisão não deve ser vista como uma instituição inerte, que volta e meia teria sido sacudida por movimentos de reforma. A teoria da prisão foi seu modo de usar constante, mais que sua crítica incidente – uma de suas condições de funcionamento. A prisão fez sempre parte de um campo ativo onde abundaram os projetos, os remanejamentos, as experiências, os discursos teóricos, os testemunhos, os inquéritos. Em torno da instituição carcerária, toda uma prolixidade, todo um zelo.
>
> (...)
>
> A prisão deve ser um aparelho disciplinar exaustivo. Em vários sentidos: deve tomar a seu cargo todos os aspectos do indivíduo, seu treinamento físico, sua aptidão para o trabalho, seu comportamento cotidiano, sua atitude moral, suas disposições; a prisão, muito mais que a escola, a oficina ou o exército, que implicam sempre numa certa especialização, é onidisciplinar".[(150)]

---

(150) FOUCAULT, Michel. *Vigiar e punir*. 13. ed. Petrópolis: Vozes, 1996, p. 210/211.

Curioso perceber que a perspectiva de punição, isolamento ou "regeneração" representada pelos estabelecimentos prisionais não afeta, minimamente, os principais oponentes do Batman apresentados ao longo da trilogia: o Coringa, no segundo filme, e Bane, no terceiro. Nenhum deles teme a perda da liberdade ou encara a possibilidade do encarceramento como um dispositivo poderoso o suficiente para dissuadi-los. O Coringa porque abomina toda e qualquer espécie de manifestação da autoridade constituída. Bane, ao contrário, é um cultor da autoridade, mas não daquele tipo de autoridade representada pelo corpo político e pela estrutura jurídica em vigor em Gotham City.

Nenhum dos dois parece ter lido o poeta português Antero de Quental, cujo poema Os Cativos é, talvez, a tradução artística mais completa acerca dos dramas vividos pelos encarcerados:

"*Encostados às grades da prisão,*
*Olham o céu os pálidos cativos.*
*Já com raios oblíquos, fugitivos,*
Despede o sol um último clarão.
Entre sombras, ao longe, vagamente,
Morrem as vozes na extensão saudosa.
Cai do espaço, pesada, silenciosa,
A tristeza das cousas, lentamente.
E os cativos suspiram. Bando de aves
Passam velozes, passam apressados,
Como absortos em íntimos cuidados,
Como absortos em pensamentos graves.
(...)
Assim a noite passa. Rumorosos
sussurram os pinhais meditativos.
*Encostados às grades, os cativos*
*Olham o céu e choram silenciosos*".[151]

Fazendo um paralelo entre os vilões do segundo e do terceiro filme da trilogia, observa-se que o Coringa é uma figura popular perante o público, merecendo ser tratado com uma boa dose de condescendência pelo Batman, pela polícia e pelos próprios espectadores, enquanto Bane, retratado como um Robespierre anabolizado,

(151) QUENTAL, Antero de. *Contemplação*: Antologia poética. Brasília: Editora Argus, 2006, p. 25/27.

não merece nenhum tipo de comiseração. Bane deve ser fisicamente eliminado, não apenas por aquilo que efetivamente fez, mas por aquilo que ele representa. Bane é a suma perfeita de virtude, disciplina, amor e ódio, capaz de fazer ruir uma sociedade corrupta e decadente.

Embora Bane não possua o carisma do Coringa, aquele, ao contrário deste, é capaz de demonstrar um amor incondicional por seu semelhante. Quando ele salva a vida de um dos personagens, inclusive colocando em risco a sua própria integridade física, o espectador percebe que está diante de alguém dotado de empatia, sentimento desconhecido pelo Palhaço do Crime. Em um ótimo artigo, o ativista Karthik RM explica:

> "O Coringa, que clama por anarquia na sua mais pura manifestação, enfatiza a hipocrisia da civilização burguesa como ela existe, mas é impossível traduzir suas visões em uma ação de massa. Bane, por outro lado, representa uma ameaça existencial ao sistema de opressão. Sua força não é apenas a psique, mas também sua capacidade de comandar as pessoas e mobilizá-las rumo a um objetivo político. Ele representa a vanguarda, o representante organizado dos oprimidos que promove a luta política em nome deles para gerar mudanças sociais. Tamanha força, com o maior dos potenciais subversivos, não tem lugar dentro do sistema. Ela precisa ser eliminada
>
> (...)
>
> Hollywood consegue imaginar até mesmo o fim do mundo, mas não é capaz de conceber o fim do capitalismo. E antigos defensores do sistema serão substituídos por novos, provavelmente com uma nova série de filmes sobre eles também!" (RM, Karthik. The Dark Knight Rises a Fascist?).

As motivações de Bane remetem a uma frase célebre de Che Guevara: "Devo dizer, correndo o risco de parecer ridículo, que o verdadeiro revolucionário é guiado pelo forte sentimento do amor. É impossível pensar em um revolucionário autêntico sem essa qualidade". Ao mesmo tempo, o combatente ideológico não pode abrir mão do ódio como componente essencial da sua personalidade. Amor e ódio, agindo conjuntamente, são a chave para ultrapassar as limitações naturais do ser humano. O filósofo esloveno Slavoj Žižek, analisando o filme, conclui que:

> "(...) *parafraseando Kant e Robespierre mais uma vez: o amor sem crueldade é impotente; a crueldade sem amor é cega, paixão efêmera que perde todo seu vigor. Guevara está parafraseando as declarações de Cristo sobre a unidade do amor e da espada – em ambos os casos, o paradoxo subjacente consiste nisto: o que torna o amor angelical, o que o eleva acima da mera sentimentalidade instável e patética, é essa mesma crueldade, o seu elo com a violência – é esse elo que eleva o amor acima e além das limitações naturais do homem e o transforma em pulsão incondicional. É por isso que, voltando a O Cavaleiro*

> *das Trevas Ressurge, o único amor autêntico no filme é o de Bane, o "amor do terrorista", em nítido contraste a Batman."*(152)

Em nenhum momento o filme questiona as origens da disparidade social, preferindo adotar a idéia de que mesmo em uma sociedade capitalista desigual incumbe somente ao "mercado", por intermédio de bilionários filantrópicos e socialmente responsáveis, como Bruce Wayne, promover a redução da desigualdade econômica. Žižek tem uma interessante teoria, que remete aos romances de Charles Dickens, povoados por duas espécies distintas de ricos: os gananciosos e os generosos. Em suas palavras:

> "Por mais que os espectadores saibam que Wayne é extremamente rico, eles tendem a se esquecer de onde vem a riqueza dele: fabricação de armas e especulação financeira, e é por isso que as jogadas de Bane na Bolsa de Valores podem destruir seu império – traficante de armas e especulador, esse é o verdadeiro segredo por trás da máscara do Batman. De que modo o filme lida com isso? Ressuscitando o tema arquetípico dickensiano do bom capitalista que se envolve no financiamento de orfanatos (Wayne) versus o mau e ganancioso capitalista (Stryver, como em Dickens). Nessa moralização dickensiana excessiva, a disparidade econômica é traduzida na "desonestidade" que deveria ser "honestamente" analisada.
>
> (...)
>
> As cenas do vingativo levante populista no filme (uma multidão sedenta pelo sangue dos ricos que os ignoraram e exploraram) evocam a descrição de Dickens do Reino do Terror, tanto que, embora não tenha nada a ver com política, o filme segue o romance de Dickens ao retratar "honestamente" os revolucionários como fanáticos possuídos, e assim fornece a caricatura do que, na vida real, seriam revolucionários comprometidos ideologicamente no combate da injustiça estrutural.
>
> Hollywood conta o que o establishment quer que saibamos – que os revolucionários são criaturas brutais, sem nenhum respeito pela vida humana. Apesar da retórica emancipatória sobre a libertação, eles têm projetos sinistros por trás. Portanto, quaisquer que sejam as razões, elas precisam ser eliminadas."(153)

A luta de classes vista por Hollywood é um fenômeno social simplório, maniqueísta e pouco complexo. Uma malta inorgânica e amorfa, guiada por um líder sanguinário, se atira ferozmente sobre os abastados, movida unicamente por um sentimento de vingança, e não justiça, social. A luta de classes travada em

---

(152) ŽIŽEK, Slavoj. Ditadura do proletariado em Gotham City.

(153) ŽIŽEK, Slavoj. *Op cit.*

Gotham não se constrói pela tensão entre interesses sociais, econômicos e políticos antagônicos, mas se descortina como um combate entre civilização e barbárie, desprovido de qualquer historicidade.

O contraponto ao capitalismo não é o socialismo, isto é, a propriedade coletiva dos meios sociais de produção, mas a anarquia social absoluta, onde não há garantia de qualquer natureza à propriedade privada individual. A teoria socialista não abole a propriedade privada individual, nem impõe óbice a que o cidadão possua bens necessários à preservação e ao desenvolvimento da vida. O que ela combate é a exploração e a alienação da força de trabalho representada pela mais-valia, e conclama à auto-gestão social da atividade econômica. A propriedade dos meios de produção é que possui uma natureza social, isto é, no socialismo o que se busca é abolir a apropriação privada da riqueza social, o abuso do trabalho humano, tido no modo de produção capitalista como uma mercadoria cuja única finalidade é produzir mais mercadorias.

Logicamente, não se poderia esperar que um filme do circuito comercial pudesse fazer um debate mais profundo e vigoroso sobre as condições fixadas por Marx para a consecução do ideal socialista, como por exemplo, a supressão da esfera privada por meio de um mecanismo autoritário, sectário e intolerante como a ditadura do proletariado. Mas é interessante observar que o filme reserva à organização popular, enquanto protagonista político, a possibilidade única e inescapável: a construção de uma sociedade de matriz cesarista e demagógica.

Bane e seus cúmplices não propõem a coletivização dos meios de produção, mas a ocupação pura e simples de todos os espaços privados, sejam eles sociais ou individuais. O Estado proposto por Bane e a Liga das Sombras é, na verdade um Não-Estado de matriz pré-hobbesiana, que incita e estimula a luta de todos contra todos. Seu contraponto ideológico seria o Estado minimalista, raquítico, cuja principal finalidade não é prover o bem-estar social mas viabilizar a hegemonia da propriedade privada.

Curioso perceber como essa lógica do Estado Mínimo permeia praticamente toda a mitologia do Homem Morcego, a partir da reinterpretação que lhe foi dada por Miller nos anos 80, chegando ao seu ápice no último filme da trilogia de Nolan. Gotham é uma cidade onde a única área em que se percebem alguns vislumbres de atividade estatal é a da segurança pública. Há uma estrutura policial razoavelmente bem estabelecida, embora dependente da inevitável ajuda do Batman para funcionar plenamente. Há promotorias e cortes de justiça, além de instituições prisionais como o Asilo Arkham e a prisão de Blackgate, onde são encarcerados os criminosos da cidade. O transporte público urbano é comandado por uma das subsidiárias das Empresas Wayne.

Por outro lado, os frágeis instrumentos de proteção social não se encontram nas mãos do Estado. Pela obra e graça do benemerente Bruce Wayne, é a Fundação Wayne que administra as escolas, as creches e os hospitais de Gotham. Curioso notar que, durante o dia, Bruce Wayne substitui o Estado ao prover o bem-estar social enquanto, à noite, seu alter-ego encapuzado faz o mesmo em relação à segurança pública.

A visão esquemática do modelo neoliberal escamoteia uma verdade inconveniente: a mera existência de liberdades formais, como o direito de ir e vir ou o direito de professar uma determinada religião, sem que sejam assegurados a todos os estratos sociais os meios para o efetivo exercício dessas liberdades, é uma ficção desprovida de sentido político e redunda em sociedades autoritárias. Como bem observou Arnóbio Rocha, um dos mais sagazes analistas do capitalismo contemporâneo:

> Poucas vezes um filme de ação conseguiu ser tão instrutivo. Bane, um anti-herói típico, toma o poder em nome do povo, caricatura de "socialista" ou "indignado" do movimento Occupy. Todos são convidados a tomar o poder em meio à barbárie. Os vetores visíveis deste "Novo" Estado: fim do conceito de bem-estar social – educação, cultura e saúde perdem seu caráter de obrigação pública e gratuita, assumidas por entes privados; ampla privatização, com o fim da intervenção direta do Estado na economia – ao novo Estado sobra gerir as forças repressivas, aplicar leis restritivas, quebrar direitos fundamentais. É isso que estamos chamando de Estado Gotham City.(154)

Se Gotham City pode ser entendida como uma metáfora da captura do Estado pelo ultracapitalismo financeiro, onde grandes corporações definem as políticas públicas e o protagonismo estatal é substituído por uma burocracia que, via de regra, se limita a chancelar a atuação dessas grandes corporações, conforme se observa na atuação das chamadas agências reguladoras, cujo nome mais apropriado deveria ser agências chanceladoras, qual seria o papel de Batman nesse teatro? Primeiramente, é preciso entender a atuação do Homem Morcego como uma espécie de catarse social, que se dirige não apenas contra a criminalidade mas, em certa medida, também contra a burocracia estatal e o seu suposto imobilismo.

Dentro do Estado Democrático de Direito, o combate à criminalidade não se dá apenas com base em operações policiais ou a partir do policiamento ostensivo das ruas. Estes são elementos incidentais, que se articulam com ações de inteligência e, sobretudo, com a aplicação de políticas públicas, cujos resultados não são imediatos, já que se dirigem ao médio ou ao longo prazo. O Batman tem uma visão imediatista e utilitarista, pois em sua atuação ele, essencialmente, caça os criminosos nas ruas, mas pouco se dispõe a fazer, enquanto vigilante encapuzado, para atacar as origens sociais do crime. Ele condensa em sua ação prerrogativas estritamente vinculadas à atuação institucional da polícia, do Ministério Público e da magistratura, adensadas e potencializadas pela possibilidade de ministrar punições físicas aos criminosos, que remetem aos primórdios do Direito Penal.

---

(154) ROCHA, Arnóbio. *Crise 2.0*: a taxa de lucro reloaded. São Paulo: Clubinho, 2013, p. 124.

## 11. Deuses, heróis e... juízes?

Não é despropositado traçar-se um paralelo entre o Batman e uma figura arquetípica presente no livro O Império do Direito, do filósofo e teórico do direito Ronald Dworkin: o Juiz Hércules. Em sua obra, Dworkin define o Direito como atividade primordialmente interpretativa, isto é, ao direito importa mais a reconstrução racional dos atos humanos, entendidos como essencialmente políticos, a partir de um conjunto de princípios que dota o direito de unidade e coerência, a que ele chama "Direito como integridade".

A integridade que permeia o Direito é, em Dworkin, uma virtude política, que se perfila ao lado da justiça e do devido processo legal, como elemento nuclear da vida social. A integridade é uma espécie de compromisso primordial do Estado, que é agir de maneira coerente e assentada em padrões fundamentais de justiça e equidade, em relação a todos os seus cidadãos. O princípio da integridade, na âmbito jurisdicional, parte da premissa de que direitos e deveres legais se originam de uma matriz única, a sociedade, guardiã última da justiça e da equidade. Para o filósofo norte-americano:

> O direito como integridade nega que as manifestações do direito sejam relatos factuais do convencionalismo, voltados para o passado, ou programas instrumentais do pragmatismo jurídico, voltados para o futuro. Insiste em que as afirmações jurídicas são opiniões interpretativas que, por esse motivo, combinam elementos que se voltam tanto para o passado quanto para o futuro; interpretam a prática jurídica contemporânea como uma política em processo de desenvolvimento. Assim, o direito como integridade rejeita, por considerar inútil, a questão de se os juízes descobrem ou inventam o direito; sugere que só entendemos o raciocínio jurídico tendo em vista que os juízes fazem as duas coisas e nenhuma delas.(155)

A integridade não é apenas uma pilar de manutenção da coerência do ordenamento jurídico, mas é também uma virtude política, a expressão ideal de um sistema único e coerente de justiça. Nos atos do dia a dia, à integridade compete gerir a vida moral e política da sociedade, impondo uma gama de paradigmas éticos ao cidadão que irão socorrê-lo quando, por exemplo, sobrevier um conflito de interesses com um vizinho. É a integridade que vai balizar as ações desse cidadão, que vai compeli-lo a buscar os mecanismos estatais para obter a reparação e não exercer, arbitrariamente, suas próprias razões, porque nessa construção ideal o cidadão possui a plena capacidade de aquilatar todas as conseqüências morais de seus atos.

A integridade se dirige à sociedade como um todo, não somente às autoridades, individualmente consideradas, impondo a todos o dever de agir baseado em princípios. Sob a perspectiva judicial, a aplicação do "Direito como integridade", em Dworkin,

(155) DWORKIN, Ronald. *O império do Direito*. 2. ed. São Paulo: Martins Fontes, 2007, p. 271.

muitas vezes exige a presença do juiz Hércules, um magistrado sábio, paciente e arguto, capaz de interpretar o ordenamento jurídico como um todo, a fim de encontrar a única resposta correta para cada caso difícil que ele tem que solucionar. Como o Batman, o Juiz Hércules também é dotado de algumas habilidades quase sobre-humanas, sendo capaz de analisar cada caso não apenas de acordo com o regramento positivo, mas também sob a égide das regras e princípios constitucionais que muitas vezes não estão escritos.

O juiz ideal deve se mostrar apto a apresentar a solução mais razoável para o caso concreto não apenas a partir de elementos anteriores – o fato e a norma que o disciplina – mas também sob a perspectiva de uma eficácia futura do seu conteúdo decisório. Se duas ou mais possibilidades se mostram aceitáveis, mas impõem resultados contrastantes para a solução do caso examinado, o Juiz Hércules não deve subestimar o conjunto remanescente de regras, práticas e princípios do "Direito como integridade", avocando para si um protagonismo, do ponto de vista da moral política, em que o exercício de interpretar é o aspecto mais relevante na sua função de aplicador da lei, exercendo o papel de um verdadeiro legislador ocasional.

Ao decidir um caso, o Juiz Hércules, essencialmente um intérprete não-dogmático e ativo, deve propor uma solução que se mostre a mais adequada à situação concreta, mas que também seja capaz de justificar as decisões proferidas anteriormente por outros magistrados, em casos semelhantes. Interpretar é desenvolver mecanismos de legitimação dos mais diferentes aspectos do sistema, de modo a não comprometer a sua integridade. A agudeza intelectual do Juiz Hércules lhe permite conhecer o ordenamento jurídico tão profundamente que ele é capaz de suprir quaisquer lacunas porventura existentes no sistema, proferindo a solução mais pertinente ao caso concreto, de maneira irrepreensível e coerente, de modo a levar em conta não apenas elementos do direito positivo, como a lei e a jurisprudência, como também elementos metajurídicos, como as tradições ético-morais da sociedade, a eqüidade e os princípios gerais do direito.

O Juiz Hércules é autossuficiente e infalível. Logo, é um arquétipo que se distancia de seus pares da vida real por lhe faltar, exatamente, a falibilidade que perpassa toda conduta humana. Tal como ocorre nos personagens criticados por Fernando Pessoa em seu "Poema em linha reta", o Juiz Hércules é feito da mesma matéria daqueles seres supostamente perfeitos que povoam o poema. O Juiz Hércules nunca "levou porrada" e tem sido "campeão em tudo". O Juiz Hércules nunca "teve um ato ridículo", praticou "uma cobardia" ou "sofreu enxovalho". Daí porque é possível questionar: esse ser "perfeito", quase um semideus, seria, de fato, o juiz mais apto a julgar os atos dos seres humanos, falíveis, vis e imperfeitos?

Esse aparente paradoxo, de um juiz perfeito que julga os seus jurisdicionados imperfeitos, se resolve na medida em que, na construção ideal de Dworkin, o Juiz Hércules soluciona os casos difíceis utilizando elementos que não necessariamente refletem a sua própria moral individual, imaculada e incorruptível, mas sim a moral da sociedade em que está inserido. O Juiz Hércules profere seus julgamentos a partir de critérios definidos por uma moralidade política, e não a partir de critérios subjetivos. Nesse sentido, interessante conhecer as conclusões da Professora Claudia Beeck Moreira de Souza, acerca do dilema proposto por Dworkin:

> Às críticas de que a técnica proposta encorajaria os magistrados a emitir juízos baseados em uma moralidade própria, Dworkin rebate argumentando que o fato de eventualmente se chegar a uma decisão injusta, não pode impedir a tentativa de se chegar a uma decisão justa. De mesmo modo, a consciência de que os juízes são falíveis não deve se prestar a retirar deles a função de julgar casos difíceis, mas pelo contrário, deve alertá-los da importância de julgar tais casos com atenção e humildade.[156]

O protagonismo ostensivo, especialmente no âmbito do Direito Penal, traz consigo o risco de que o Juiz Hércules veja a si mesmo como único responsável pela segurança pública. É quando o Juiz Hércules passa a exercer o papel do Juiz Batman, o defensor da sociedade, o sujeito que aterroriza os criminosos e que promove não a justiça, mas a vingança. O paralelo simbólico da toga negra do magistrado e da capa também negra do Batman não deixa de ser curioso. Ao invés de sair às ruas caçando os criminosos pelos becos obscuros de sua Gotham, o Juiz Batman atua dentro do seu gabinete sonegando aos "bandidos" os direitos e garantias fundamentais que devem permear o processo penal. O Juiz Hércules que se excede em seu ativismo passa a crer que possui autoridade moral para conduzir o monopólio de força coercitiva da maneira que se lhe aprouver, mesmo que tenha que passar por cima das garantias estabelecidas pela lei ou pela Constituição.

Nada muito diferente daquilo que o Batman faz em sua luta contra a criminalidade. O ativismo judicial pode, se não for utilizado com cautela e rigor, se converter em uma perigosa forma de "populismo judicial". Instados a decidir sobre políticas públicas que repercutem diretamente sobre a vida de determinada comunidade, é comum que os juízes tenham sua atuação analisada, positiva ou negativamente, pela opinião pública e pela mídia. Muitas decisões judiciais, especialmente aquelas que envolvam aspectos polêmicos, como, por exemplo, aquelas relacionadas aos direitos fundamentais, acabam submetidas ao escrutínio da opinião pública, reforçando a obrigação do magistrado de arrimar essas decisões em elementos que ressaltem a primazia da Constituição. Mais uma vez, recorre-se à verve da Professora Claudia Beeck Moreira de Souza:

> Defender a opinião pública como fator relevante para a elaboração da convicção judicial pode representar um risco à controlabilidade da decisão, haja vista

(156) SOUZA, Claudia Beeck Moreira de. *Os argumentos que justificam as decisões do STF* - Critérios relevantes para o seu controle.

> a dificuldade de definir o que é a opinião pública, além da possibilidade de desvirtuar o papel independente do Poder Judiciário, frente às demandas da maioria.
>
> (...)
>
> O que se pretende afirmar não é que o Supremo Tribunal Federal deva ser completamente avesso às reações populares. Todavia, embora não se possa ignorá-los, os clamores populares não devem constar nos votos como fatores motivadores, como razões justificativas da decisão. Primeiramente, porque, no caso, identificar o que seja a opinião pública já um passo deveras dificultoso. A opinião pública pode ser opinião da maioria da população, mas pode ser também a opinião de uma minoria politizada e influente, pode ser a opinião indicada pela mídia, ou a opinião medida por pesquisa de opinião".[(157)]

Uma outra abordagem metafórica do Batman, que faz muito mais sentido se pensada à luz do pós 11 de Setembro, é entendê-lo como um contraponto conservador a qualquer abertura de índole progressista liberal. Sob essa perspectiva, o Homem Morcego e sua cruzada irrefreável simbolizam o ideal de segurança absoluto. Um justiceiro de firmes princípios morais, incorruptível, mas completamente avesso a qualquer manifestação de multiculturalismo. Em Batman, a fronteira entre o bem e o mal é um borrão de contornos indefiníveis.

Ao contrário do que acontece com outros super-heróis dotados de critérios morais muito bem definidos, como o Super-Homem ou o Capitão América, a conduta do Batman se reveste de uma moralidade elástica, que não tem nenhum pudor em ultrapassar as limitadas fronteiras da lei. Sua ética, em diversas situações, é permeada por um utilitarismo fulcral. O Homem Morcego, por exemplo, não hesita em torturar seus algozes para obter as informações que deseja.

Não obstante, Batman é um transgressor puramente formal, atuando "em nome da lei", embora não possua legitimação jurídica para fazê-lo, e não "contra a lei". Quando o Batman viola a lei, ele o faz para "protegê-la", para dar-lhe efetividade, não para negá-la. Como bem esclarece Dworkin, existe no modelo constitucional norte-americano uma série de direitos e garantias morais que são erigidos à categoria de direitos jurídicos, que asseguram ao cidadão a possibilidade de desobedecer à lei, sem que venha a ser punido por isso:

> Em nossa sociedade, às vezes um homem tem o direito, no sentido forte, de desobedecer à lei. Tem esse direito toda vez em que a lei erroneamente invade seus direitos contra o governo. Se ele tiver um direito moral à liberdade de expressão, terá então o direito moral de infringir qualquer lei que o governo, em virtude daquele seu direito, não tenha autoridade para

(157) SOUZA, Claudia Beeck Moreira de. *Op cit.*

> adotar. O direito de desobedecer a lei não é um direito isolado, que tem algo a ver com a consciência, mas uma adição a outros direitos contra o governo.[158]

Não é sob essa perspectiva que o Batman atua, isto é, ele transgride a lei, mas não da maneira como se concebe a desobediência civil. A desobediência civil é a justa irresignação em face da lei injusta, é uma reação do cidadão contra uma obstrução primária, pelo governo, a algum direito seu. No caso do Cruzado de Capa, o governo não obstruiu nenhum direito seu e nem lhe cerceou a liberdade de expressão. Logo, as atitudes do Homem Morcego não se dirigem contra o império da lei, apenas contra alguns aspectos da lei que revelam uma suposta frouxidão moral ou alguma espécie de tolerância para com a criminalidade.

Na HQ O Cavaleiro das Trevas, há uma cena particularmente reveladora do desprezo que o Batman sente pelas normas que, de alguma maneira, poderiam representar algum tipo de proteção à incolumidade física dos criminosos. É quando ele interpela um integrante da quadrilha do Duas-Caras e o faz atravessar uma janela de vidro, ferindo-lhe severamente o braço. O bandido, aterrorizado, lembra o Homem Morcego que tem direitos, ao que ele retruca:

> Você tem direitos, sim. Muitos. Às vezes eu contava todos, só para ficar furioso. Só que agora você também tem um caco de vidro numa grande artéria do braço. Irá sangrar até a morte. No momento, eu sou a única pessoa no mundo que pode levá-lo a tempo para um hospital.[159]

Aliás, como visto nesse episódio, e em tantos outros ao longo de sua trajetória, o Batman também não apresenta nenhum tipo de remorso ou arrependimento por machucar alguém que acredite ser merecedor de uma punição física. O tratamento violento usado por ele, sob essa perspectiva, não é gratuito ou excessivo, já que além do aspecto punitivo, a violência teria, também, um caráter pedagógico: Batman amedronta, de tal maneira, os criminosos que o impacto de sua intervenção, por si só, é capaz de inibi-los a retornar às atividades criminosas.

## 12. A educação pela pedra: Batman como elemento do processo civilizador

O sociólogo alemão Norbert Elias, ao analisar a formação e desenvolvimento das sociedades urbanas européias da idade média, identifica o medo como um dos elementos constitutivos mais importantes, utilizando esse termo não apenas como sinônimo de terror, como, também de angústia em relação ao desconhecido. Nessas

---

(158) DWORKIN, Ronald. *Levando os direitos a sério*. São Paulo: Martins Fontes, 2002, p. 294/295.
(159) MILLER, Frank. *Op cit* p. 48.

sociedades, é recorrente o medo que as ações de outros homens provocavam nos cidadãos, não apenas por conta do controle dos impulsos violentos ser menor, já que nesse período o Estado hobbesiano ainda não era uma realidade, mas também por conta da sensação de impunidade que grassava nas sociedades em geral. Os moradores das comunidades feudais, mesmo dos incipientes centros urbanos, sofriam com o medo do tirano, com o medo dos salteadores, com o medo dos habitantes dos feudos próximos. O medo da violência física, imediata era, certamente, um elemento definidor do caráter daqueles grupamentos sociais.

Ainda segundo Elias, o aumento paulatino nos níveis de controle dos impulsos, das paixões e das pulsões, levou à progressiva pacificação interna dos agrupamentos sociais, sobretudo graças à eficácia do monopólio estatal do uso da força. Muitas foram as causas históricas dessa pacificação, mas é possível apontar como as mais importantes a unificação dos territórios, a unificação e a monopolização da tributação pelo Estado, o desenvolvimento de novas tecnologias bélicas, a expansão do conhecimento científico e o uso da violência física por forças de segurança e de persecução criminal (exércitos, polícias e guardas pretorianas, por exemplo).

O processo civilizador, conforme o sociólogo alemão, "ocorre em conjunto com uma limitação progressiva de perigos externos e, assim, com uma limitação e canalização do medo que eles provocam"[(160)]. Os perigos externos tornam-se, desse modo, previsíveis e reguláveis, limitando-se aquilo que Elias chama de "caminhos e abrangência dos medos", ou seja, reduz-se, na sociedade civilizada, o espectro de abrangência de fatos e situações que poderiam impor o medo ou o terror aos cidadãos. Dessa forma, pode-se concluir que a civilização ocidental como a conhecemos somente se tornou viável a partir do estabelecimento de condições que possibilitassem um maior controle das fontes do medo dentro da estrutura social.

Esse processo gradativo, que demandou algumas gerações, culminou com a constituição das sociedades modernas, nas quais a vida é mais previsível e os indivíduos demonstram uma maior capacidade de controlar suas emoções. A pacificação, no âmbito das sociedades pós-medievais, tem por um dos seus pontos fulcrais proteger o cidadão contra qualquer manifestação violenta não sancionada pelo Estado. Ainda de acordo com o pensamento de Elias:

> A armadura da conduta civilizada poderia desmoronar com grande rapidez se, através de uma mudança na sociedade, o grau de insegurança que antes existiu voltasse a nos atingir, se o perigo se tornasse tão incalculável como outrora. Medos correspondentes logo depois arrebentariam os limites que hoje lhes são impostos.

---

(160) ELIAS, Norbert. *O processo civilizador*: uma história dos costumes. Vol. 1. Rio de Janeiro, Jorge Zahar Editor, 1994, p. 268.

> Não obstante, uma forma específica de medo de fato cresce com o aumento da civilização: o medo 'interno', semi-inconsciente de uma quebra das restrições impostas ao homem civilizado".

Ou seja, essa paz interna pode ruir, não mais pelas mãos do inimigo "externo", mas pela ação do inimigo "interno". A tolerância da polícia de Gotham em relação às atividades do Batman se coaduna com a interpretação de Elias, já presente em Hobbes, de que uma força superior, o Estado, deve ser capaz de exercer a violência de maneira tão intensa que acaba por sobrepujar os episódios violentos que brotam no seio da sociedade. Em Gotham, as forças de segurança toleram que um vigilante mascarado exerça o monopólio da força para combater o crime, isso quando não delegam poderes a esse mesmo vigilante para que o faça. Há na conduta do Homem Morcego, por paradoxal que possa parecer, um elemento "civilizador", ao combater, com base na força e na intimidação, o inimigo "interno" que põe em risco a paz social:

> Considerando, portanto o ambiente e as motivações que levam Batman a ter o comportamento violento que apresenta e a forma em que esses comportamentos interferem nos processos sociais da cidade de Gotham City, podemos compreender a figura do homem morcego como um elemento no processo civilizador da sociedade em que está inserido. Sua presença violenta e assustadora tem a perspectiva de um dia deixar de existir, ser desnecessária em um momento de estabelecimento de "civilização" independente de violência.(161)

Na série Gotham – DPGC: No cumprimento do dever, a relação entre Batman e o Departamento de Polícia de Gotham City é mostrada pela perspectiva dos policiais. Escrita por Ed Brubaker e Greg Rucka, com ilustrações de Michael Lark, a série foi lançada nos Estados Unidos em 2003 e ganhou os prêmios Eisner e Harvey de Melhor História, em 2004.

A narrativa gira em torno do dia a dia de uma unidade especial da polícia de Gotham, sendo que muitos policiais se mostram bastante reticentes em relação ao Batman, que pouco aparece ao longo dos episódios. Aqui, ele não é visto como um aliado incondicional, mas como uma sombra incômoda, uma espécie de mal necessário. Numa das tramas, um policial faz questão de chamar o Batman até a sede do Departamento de Polícia, apenas para lhe dizer que conseguiu solucionar o misterioso assassinato de uma garota sem recorrer ao seu auxílio. Para alguns dos protagonistas da série, o Batman, ainda que conte com uma notável aprovação popular, é uma figura excêntrica, um vigilante que inspira o terror e que deve ser combatido pelos mecanismos legais.

Por outro lado, em suas investigações cotidianas, a polícia de Gotham é forçada a se confrontar com alguns dos criminosos mais perigosos da cidade, vilões que

---

(161) PAIVA, Fábio da Silva. *Batman e o uso da violência nas relações sociais*: uma análise à luz dos processos civilizadores.

possuem habilidades incomuns, como o Senhor Frio. Nesses casos, os policiais têm que passar por cima do orgulho e trabalhar em parceria com o Batman, ficando evidente o conflito interno vivido pelos agentes da lei, por terem que defender a sociedade e, ao mesmo tempo, recorrer ao auxílio de alguém que atua à margem desta. Sob a ótica dos policiais de Gotham, pesará sempre o dilema: recorrer ou não à ajuda do Cruzado de Capa?

Para além dos dramas de consciência dos policiais de Gotham, a atuação do Batman contém em si um dos vetores primordiais do elemento trágico: cabe a ele escolher se irá ou não agir em determinada situação, sabendo que sua ação ou omissão implicará na perda de vidas inocentes. Assim, a todo momento ele é compelido a decidir-se entre o mal maior, deixar que o crime aconteça, e mal menor, afrontar a lei para proteger a vida dos cidadãos. Sob esse ponto de vista, é perfeitamente possível se traçar um paralelo entre o Homem Morcego e personagens célebres da literatura, como Édipo ou Othelo, cuja dimensão trágica decorre, exatamente, das escolhas que são instados a fazer.

Segundo Simone Goyard-Fabre, "o trágico não é portanto a rebelião de uma boa vontade contra uma má vontade; decorre da existência de duas vontades, de duas consciências de si, que aderem cada uma delas à sua própria lei e que, portanto, recusam o reconhecimento mútuo"(162). O choque entre essas duas vontades está na gênese do caminho que o herói trágico irá trilhar.

O Batman parece dotado de uma substância ética de tal grandeza que muitas vezes não identificamos suas ações com uma "escolha", mas com um imperativo moral, um "destino", isto é, situamos o seu agir dentro de uma sucessão inevitável de acontecimentos, a partir de um episódio identificável a tragédia clássica: a perda brutal dos pais. Em que pese a gravidade do trauma, o Homem Morcego age a movido por um critério racional. Ele escolhe, voluntariamente, combater o crime com as próprias mãos, ainda que a sua conduta esteja atrelada a uma motivação elementar, que é o desejo de vingança.

Também à luz dos elementos constitutivos mais característicos do herói trágico, o Homem Morcego é um personagem que exige de si um comportamento purgatório, que vive em um permanente estado de catarse. Dentro do seu ideário de um ascetismo absoluto, as paixões são um obstáculo a ser superado porque são capazes de corromper-lhe o espírito. Sua firmeza de convicções leva à conclusão de que o Batman é a essência e Bruce Wayne apenas um simulacro. Mais uma vez recorre-se à verve de Nietzsche: "Ao redor dos heróis tudo se torna tragédia, em torno dos semideuses, drama satírico e ao redor de Deus tudo se transforma — em quê? talvez no mundo?"(163).

---

(162) GOYARD-FABRE, Simone. *Os fundamentos da ordem jurídica*. São Paulo: Martins Fontes, 2002, p. 11.
(163) NIETZSCHE, Friedrich. *Op cit* p. 90.

É imperioso, portanto, que ele tente expurgar de dentro de si a culpa pelas tragédias que se abatem sobre si e sobre as pessoas que estão próximas. Batman se culpa imensamente, por exemplo, pela morte dos pais, ou pela morte do segundo Robin, Jason Todd, um jovem desajustado que ele havia tomado sob sua proteção, da mesma forma que havia feito com o Robin original. O assassinato de Todd pelas mãos do Coringa, após passar por um espancamento brutal, foi mostrado no arco de histórias Morte em Família, publicado entre 1988 e 1989, com roteiro de Jim Starlin e desenhos de Jim Aparo, e hoje considerado clássico.

Para além do elemento trágico ou catártico, entretanto, não é difícil imaginar o Batman bastante à direita no espectro político, nem é despropositado qualificá-lo como representante perfeitamente acabado do conservadorismo em sua face mais intolerante. Dificilmente veríamos o Batman apoiar pautas historicamente ligadas à esquerda, como a legalização do aborto e a regulamentação da união entre pessoas do mesmo sexo. Mas a conduta do Cruzado de Capa, atuando sempre nas franjas mais obscuras da lei, pode, de alguma maneira, caracterizá-lo como um fascista?

O fascismo é um conceito tão fundamentalmente grave que não comporta uma utilização frívola da palavra, não sendo dado usar a expressão "fascismo" para qualificar, por exemplo, uma reflexão mais ou menos ambígua sobre a legitimidade do uso da força. O fascismo é, para além de outras implicações éticas, culturais e sociais, a exaltação da força bruta, a defesa incontestável de uma forma autoritária de governo e o desprezo absoluto pelos valores da democracia liberal, vista pelos ideólogos fascistas como um regime instável, frágil e permissivo. Em seu Dicionário de Política, Norberto Bobbio (autor do verbete) sentencia:

> Em geral, se entende por Fascismo um sistema autoritário de dominação que é caracterizado: pela monopolização da representação política por parte de um partido único de massa, hierarquicamente organizado; por uma ideologia fundada no culto do chefe, na exaltação da coletividade nacional, no desprezo dos valores do individualismo liberal e no ideal da colaboração de classes, em oposição frontal ao socialismo e ao comunismo, dentro de um sistema de tipo corporativo; por objetivos de expansão imperialista, a alcançar em nome da luta das nações pobres contra as potências plutocráticas; pela mobilização das massas e pelo seu enquadramento em organizações tendentes a uma socialização política planificada, funcional ao regime; pelo aniquilamento das oposições, mediante o uso da violência e do terror; por um aparelho de propaganda baseado no controle das informações e dos meios de comunicação de massa; por um crescente dirigismo estatal no âmbito de uma economia que continua a ser, fundamentalmente, de tipo privado; pela tentativa de integrar nas estruturas de controle do partido ou do Estado, de acordo com uma lógica totalitária, a totalidade das relações econômicas, sociais, políticas e culturais.[164]

---

(164) BOBBIO, Norberto, MATTEUCCI, Nicola e PASQUINO, Gianfranco. *Dicionário de Política*. 11ª ed. Brasília: Editora UNB, 1998, p. 466.

Quando se assiste a O Triunfo da Vontade, da alemã Leni Riefenstahl, pode-se ter a exata dimensão do extremismo ideológico representado pelo ideário fascista. Nesse documentário, produzido em 1936 e que retrata o Congresso do Partido Nazista, realizado na cidade de Nuremberg naquele ano, estão claramente postas as bases estéticas de uma arte completamente rendida ao culto à personalidade, elemento simbólico tão caro ao projeto fascista de poder. Dentre outros motivos de ordem econômica ou política, não há nenhuma dúvida de que a construção de uma estética tão comprometida com o regime foi o fator decisivo que levou milhões de pessoas a se render ao carisma de Hitler.

Desde o seu aparecimento, o Batman provoca os mais caudalosos debates acerca das motivações que o impelem. O contorno fascista que, em alguma medida, envolve seus atos, pode ser mais facilmente identificado se pensarmos a partir dos princípios que arrimam um modelo de sociedade de índole democrática constitucional. A principal característica de uma sociedade democrática é o seu pluralismo, entendido como o compromisso com um tratamento igualitário de todos os grupos sociais, inclusive os minoritários, sem que haja favorecimento ou concessão de privilégios a qualquer desses grupos. Em uma sociedade democrática, "os indivíduos têm direito à igual consideração e ao igual respeito no projeto e na administração das instituições políticas que os governam"[(165)].

Batman, na maior parte de suas histórias, atua em uma sociedade aparentemente democrática, pelo menos do ponto de vista formal (Gotham é governada por um prefeito eleito), e seu combate à criminalidade se dá no âmbito pessoal, não institucional. Embora adote um discurso militarista, ele não propõe o uso da força como um condicionante do comportamento social geral, mas a utiliza de maneira pontual, contra objetos bem identificados. Sua capacidade de ação é limitada, e somente é posta em prática sob certas circunstâncias. Não se consegue vislumbrar, por exemplo, o Batman intervindo em uma reintegração de posse ou dissuadindo os trabalhadores em greve de uma empresa. Sob a perspectiva do pensamento fascista, a força e a violência são grandezas ontológicas, imanentemente atreladas ao exercício do poder político, enquanto o Batman faz um uso meramente instrumental da força.

Também não há, dentro da mitologia que circunda o Batman, uma apologia ao exercício arbitrário do poder político. Bruce Wayne, embora seja um homem rico e influente, sempre se manteve distante da política partidária, o que não significa que ele a despreze ou que não reconheça a sua finalidade histórica. Em suas aventuras, não se percebe, por exemplo, uma oposição ao princípio da representatividade, através do qual se dá o exercício do poder nas sociedades democráticas. Se não é um entusiasta do sufrágio universal, tampouco se pode acusar o Batman de ser um inimigo das formas tradicionais de manifestação soberania popular. Mas, se não é um fascista, o Batman certamente carrega em si um espírito indisfarçavelmente autocrático e truculento.

---

(165) DWORKIN, Ronald. *Op cit* 2002, p. 279.

E, embora seja um personagem dos quadrinhos, é certo que Batman tangencia, com a profundidade que se pode exigir desse veículo, um problema fundamental das sociedades civilizadas: a questão da legitimidade do monopólio da violência pelo Estado. A teoria contratualista clássica, que desde Hobbes ou Rousseau se constitui o ponto fulcral da problemática do Estado, impõe que o cidadão abra mão da violência potencial, aquela que teoricamente poderia exercer por si mesmo, em nome do Estado, que passa a ser, salvo em situações excepcionais, o único titular do seu exercício.

Ao Estado compete controlar e aplicar a violência de maneira racional, administrando-a a partir critérios objetivos, e logicamente racionais, de justiça. Mas o que acontece quando o Estado, que possui a plena e exclusiva capacidade de exercer a violência, se mostra incapaz de eliminar ou até mesmo reduzir a violência que transborda da sociedade? A solução é radical: somente a partir do individualismo ferozmente heróico, da ação individual e apartada do Estado, é que seria possível colocar um fim à violência.

Sob o ponto de vista da filosofia do direito, esse exercício arbitrário da força converge para a problemática da legitimidade da lei. A filósofa francesa Simone Goyard-Fabre, ao analisar esse problema sob uma perspectiva platônica, define a lei como uma ponte entre o mundo das idéias e o mundo da experiência, dentro de um sistema em que os postulados metajurídicos do direito natural formam um acervo arquetípico original, a partir do qual o direito positivo vai se construir. Ao mesmo tempo, esse padrão ético não se exaure em si mesmo, porque se mantém em um perpétua estado de transformação. Assim, a lei também possui um conteúdo íntimo modificável, transitório, na medida em que se aperfeiçoa conforme se aperfeiçoam os paradigmas do direito natural.

> "*A lei não é, portanto, como acreditavam os sofistas, um instrumento técnico de governo das cidades. Esse desvio 'tecnocrático' ou 'utilitário' do direito é sua desfiguração ou desnaturação. As regras positivas estruturam uma ordem política em conformidade com a ordem do mundo, que tem a Idéia como norma e como indicador da exigência. Sem esse princípio fundador, as convenções estão destinadas a ser arbitrárias e têm a fragilidade de um artifício. Para que uma Cidade seja viável, não basta dar ordens ou baixar decretos. A lei não é um costume confirmado pelo tempo nem um texto fixado pela escrita. Estes são a matéria da ordem jurídica, contingente e secundária. A forma das instituições reside em seu espírito, isto é, em sua participação na Idéia (essência ou inteligível) que faz com que sejam à imagem da harmonia do Todo (referência à ordem cósmica). A idealidade do direito é mais real que sua realidade de regra positiva (determinada pelos homens*)".(166)

(166) GOYARD-FABRE, Simone. *Op cit.* p. 26.

A sociedade apresentada por Miller no Cavaleiro das Trevas e no Ano Um é um amálgama de valores e postulados liberais, que encaram o Estado como um inimigo a ser combatido. Essa mesma matriz seria replicada, em alguns casos até de maneira mais radical, no último filme da trilogia de Nolan. O subtexto proposto por Miller, e também por Nolan em seu terceiro trabalho na franquia Batman, é o do esgarçamento da legitimidade da lei, face a uma permissividade excessiva dos postulados metajurídicos que a inspiram e a uma supostamente inevitável falência moral do Estado, que a elabora e a aplica. Não por coincidência, a desobediência civil é um dos baluartes do pensamento conservador, ao qual ele se filia de maneira veemente.

De certa forma, em O Cavaleiro das Trevas, Frank Miller antecipa em quase quinze anos uma visão de mundo que emergiria com grande força após os atentados de 11 de Setembro de 2001: a direita ultra radical americana. O que até então era uma força política periférica, eleitoralmente pouco relevante, histriônica e caricata, ganhou enorme visibilidade a partir do Movimento Tea Party, que de certa forma pautou as discussões políticas dos anos 2000 e conduziu os Estados Unidos a uma guinada conservadora que, paradoxalmente, se cristalizou durante o primeiro mandato do Democrata, e razoavelmente progressista, Barack Obama, o primeiro negro a chegar à Casa Branca.

Conquistas civilizatórias históricas como o direito ao aborto ou o casamento entre pessoas do mesmo sexo passaram a ser estrepitosamente combatidas pelo Tea Party e seus numerosos associados na mídia e no congresso dos Estados Unidos. O movimento se tornou a voz oficial do conservadorismo norte-americano, eliminando do seu discurso qualquer verniz de modernidade ou mesmo de civilidade e, mais preocupante, largas parcelas do Partido Republicano incorporaram com entusiasmo esse discurso, movido a preconceito racial, intolerância religiosa e fundamentalismo religioso.

## 13. O fantasma na máquina: considerações finais

O filósofo tcheco Vilém Flusser, que emigrou para o Brasil nos anos 40, fugindo do nazismo, e foi professor da Universidade de São Paulo, é um dos maiores críticos das sociedades pós-industriais. Visionário, em 1981 ele já criticava a dependência extrema que o homem moderno possui em relação aos “aparelhos”, isto é, a toda a parafernália que foi inventada para “libertar” o homem do trabalho, mas que acabam por escravizá-lo. A automação estúpida, segundo o filósofo, programa e define a vida contemporânea, onde o trabalho é realizado por máquinas automáticas, ao tempo em que

> (...) os homens vão sendo empurrados rumo ao setor terciário, onde brincam com símbolos vazios; como o interesse dos homens vai se transferindo do mundo objetivo para o mundo simbólico das informações: sociedade informática programada; como o pensamento, o desejo e o sentimento vão adquirindo caráter de jogo em mosaico, caráter

> robotizado; como o viver passa a alimentar aparelhos e ser por eles alimentado. O clima de absurdo se torna palpável. Aonde, pois, o espaço para a liberdade?[167]

Pelo menos desde os tempos da Revolução Industrial do século XVIII, o homem tem inventado artefatos baseados no funcionamento do próprio corpo, a fim de auxiliá-lo na execução de suas tarefas mundanas. Mas, ao mesmo tempo em que inventa a máquina, o homem é por ela reinventado, na medida em que os instrumentos tornam-se modelos de pensamento, capazes de modificar a própria estrutura da sociedade. A essa permutação cambiante entre seres humanos e máquinas, Flusser chama de "totalitarismo dos aparelhos", já que o homem, após inventar a máquina,

> Esquece-se depois do modelo, "aliena-se", e vai tomar o instrumento como modelo do mundo, de si próprio e da sociedade. Exemplo clássico dessa alienação é o século XVIII. O homem inventou as máquinas, tendo por modelo seu próprio corpo, depois tomou as máquinas como modelo do mundo, de si próprio e da sociedade. Mecanicismo. No século XVIII, portanto, uma filosofia da máquina teria sido a crítica de toda ciência, toda política, toda psicologia, toda arte.[168]

Até o século XVIII, quando a incorporação da "máquina" na vida cotidiana se dá com maior intensidade, a ordenação do mundo era formalmente definida pela matéria, pelo que está à vista. A partir da Revolução Industrial, mas, sobretudo, ao longo do século XX, o homem passou a viver em um mundo sumamente codificado, em um mundo de formas que se multiplicam incessante e irresistivelmente, em um mundo de simulacros, no qual a forma e a aparência são mais importantes do que o próprio elemento material que elas representam. A matéria, graças à evolução dos equipamentos eletrônicos e da informática, se exterioriza, agora, em campos energéticos difusos. A "coisa", palpável, mecânica, visível, se torna o "símbolo", fluido, permeável, indistinto.

Ainda segundo Flusser, quanto mais complexos se tornam os artefatos inventados pelo homem, mais abstratas são as suas funções. Ele reinterpreta a visão marxista do processo de alienação da força de trabalho, agora sob a perspectiva do objeto, da coisa produzida. Assim, "as fábricas são lugares onde sempre são produzidas novas formas de homens: primeiro o homem-mão, depois, o homem-ferramenta, em seguida, o homem-máquina e, finalmente, o homem aparelho-eletrônico".[169]

Nessa nova realidade, o homem contemporâneo vive confinado a uma espécie de "imperialismo digital", no qual quem detém o controle da tecnologia e da informação

---

(167) FLUSSER, Vilém. *Filosofia da Caixa Preta* - Ensaios para uma futura filosofia da fotografia. São Paulo: Hucitec, 1985, p. 40.

(168) FLUSSER, Vilém. *Op cit* p. 40.

(169) FLUSSER, Vilém. *O mundo codificado*: por uma filosofia do design e da comunicação. São Paulo: COSAC NAIFY, 2007, p. 37.

detém o poder. O Homem Morcego contemporâneo, ultraconectado, com seus supercomputadores, seus sofisticados equipamentos eletrônicos, seus artefatos tecnológicos de última geração, pode ser considerado um arquétipo dessa nova configuração da sociedade. Ao mesmo tempo, a inflexão autoritária de seus atos proporciona um vislumbre dos tempos sombrios que vivem as democracias ocidentais.

Batman, ao mesmo tempo em que age fora da lei, também pode ser apreendido como um símbolo do Estado Policial, aquele no qual os direitos e garantias penais são solapados, em nome de uma pretensa segurança. Como na antiga canção de Chico Buarque, o Batman tem ouvidos pra delatar, faro de doberman e braços de estivador para envolver tantos quantos trazem no bolso a contravenção. Àqueles que tramam assaltos ou revolução, o "Estado fora do Estado", que age quase sempre ao arrepio da lei e confunde os conceitos de justiça e de justiçamento, reserva uma cela acolchoada em Arkham ou uma solitária em Blackgate.

Se, como elemento fulcral da cultura pop, o Batman é um personagem fascinante e suas aventuras servem de catarse ao homem comum, é preciso ter cuidado com as idéias subjacentes ao personagem. O seu lugar é nas histórias em quadrinhos, no cinema, nos games, combatendo criminosos astutos e impiedosos como o Coringa. Ali – e somente ali – ele pode espancar criminosos à vontade. Assustá-los. Violentá-los. Colocá-los "em seu devido lugar".

Suas idéias, todavia, quando transpostas para o mundo real, são um anátema dos direitos humanos, enquanto marco civilizatório. O direito à ampla defesa e ao contraditório, o juiz natural e a presunção de inocência são institutos que nos apartam da barbárie e contém em si um valor indispensável à vida democrática. Deixemos o Homem Morcego, e seus demônios irrefreáveis, percorrer os telhados e os esgotos de Gotham City. Que sua visão de mundo autoritária e daninha ali permaneça, talvez para nos lembrar de que a linha que separa a civilização da barbárie é tão frágil quanto aquela que separa a loucura da lucidez. Não precisamos de Batmans em nosso caótico mundo real.

## REFERÊNCIAS BIBLIOGRÁFICAS

ANJOS, Augusto dos. *Eu e outras poesias.* 41. ed. Rio de Janeiro: Civilização Brasileira, 1997.

ASSIS, Machado de. *O alienista*. São Paulo: Ática, 2012.

AZZARELLO, Brian e BERMEJO, Lee. **Coringa**. São Paulo: Panini Comics, 2009.

AZZARELLO, Brian e RISSO, Eduardo. *Batman*: Cidade Castigada. São Paulo: Panini Comics, 2007.

BOBBIO, Norberto, MATTEUCCI, Nicola e PASQUINO, Gianfranco. *Dicionário de Política*. 11ª ed. Brasília: Editora UNB, 1998.

BRUBAKER, Ed, LARK, Michael E RUCKA, Greg. Gotham – DPGC: *No cumprimento do dever*. São Paulo: Panini Comics, 2015.

CAILLOIS, Roger. *O mito e o homem*. Lisboa: Edições 70, 1972.

CARROLL, Lewis. *Alice no País das Maravilhas*. Coleção L&PM Pocket, n. 378. Porto Alegre: L&PM, 2004.

CARROLL, Lewis. *Alice no País do Espelho*. Coleção L&PM Pocket, n. 143. Porto Alegre: L&PM, 1998.

CHAUÍ, Marilena. Cultura e democracia. Artigo publicado em: Crítica y emancipación: *Revista latinoamericana de Ciencias Sociales*. Año 1, n. 1 (jun. 2008). Buenos Aires: CLACSO, 2008.

DWORKIN, Ronald. *Levando os direitos a sério*. São Paulo: Martins Fontes, 2002.

_____. *O império do Direito*. 2. ed. São Paulo: Martins Fontes, 2007.

ELIAS, Norbert. *O processo civilizador:* uma história dos costumes. (Vol. 1), Rio de Janeiro, Jorge Zahar Editor, 1994.

_____.. *O processo civilizador*: formação do Estado e civilização (vol. 2). Rio de Janeiro: Jorge Zahar Editor, 1993.

FERRI, Caroline Feliz Sarraf. *Teoria da integridade*: Uma abordagem da sistematização de Ronald Dworkin. Disponível para consulta em: <http://www.ambito-juridico.com.br/site/?n_link=revista_artigos_leitura&artigo_id=13123>

FLUSSER, Vilém. *Filosofia da Caixa Preta* – Ensaios para uma futura filosofia da fotografia. São Paulo: Editora Hucitec, 1985.

_____. *O mundo codificado*: por uma filosofia do design e da comunicação. São Paulo: COSAC NAIFY, 2007.

FOUCAULT, Michel. *História da Loucura na Idade Clássica*. São Paulo: Editora Perspectiva, 1978.

_____. *Vigiar e punir*. 13. ed. Petrópolis: Vozes, 1996.

GAIMAN, Neil e KUBERT, Andy. *O que aconteceu ao Cavaleiro das Trevas*? O longo Dia das Bruxas. São Paulo: Panini Comics, 2013.

GOYARD-FABRE, Simone. *O que é Democracia*. São Paulo: Martins Fontes, 2002.

_____. *Òs fundamentos da ordem jurídica*. São Paulo: Martins Fontes, 2002.

LOEB, Jeph e SALE, Tim. *Batman*: O longo Dia das Bruxas. São Paulo: Panini Comics, 2012.

MAZUR, Dan e DANNER, Alexander. *Quadrinhos*: História moderna de uma arte global. São Paulo: Martins Fontes, 2014.

MILLER, Frank. Batman: *O Cavaleiro das Trevas*. São Paulo: Panini Comics, 2006.

MILLER, Frank e MAZZUCCHELLI, David. *Batman*: Ano Um. São Paulo: Panini Comics, 2011.

MOORE, Alan e BOLLAND, Brian. *Batman*: A Piada Mortal. São Paulo: Panini Comics, 2009.

MORRISON, Grant e MCKEAN, Dave. *Asilo Arkham*: Uma Séria Casa em Um Sério Mundo. São Paulo: Panini Comics, 2012.

MOYA, Álvaro de. *História da História em Quadrinhos*. 2. ed. São Paulo: Brasiliense, 1996.

NIETZSCHE, Friedrich. *Além do Bem e do Mal*. Curitiba: Hemus S/A, 2001.

PAIVA, Fábio da Silva. *Batman e o uso da violência nas relações sociais*: uma análise à luz dos processos civilizadores. Disponível para consulta em: <http://www.uel.br/grupo-estudo/processoscivilizadores/portugues/sitesanais/anais12/artigos/pdfs/workshop/W_Paiva.pdf>

PATATI, Carlos Eugênio, e BRAGA, Flávio. *Almanaque dos quadrinhos*. Rio de Janeiro: Ediouro, 2006.

QUENTAL, Antero de. *Contemplação*: Antologia poética. Brasília: Argus, 2006.

RM, Karthik. *The Dark Knight Rises a Fascist?*. Disponível para consulta em: <https://wavesunceasing.wordpress.com/2012/07/21/the-dark-knight-rises-a-fascist/>

ROCHA, Arnóbio. *Crise 2.0*: a taxa de lucro reloaded. São Paulo: Clubinho, 2013.

SILVA, Heraldo Aparecido, Está tudo na sua cabeça: Batman e seus inimigos insanos sob uma perspectiva filosófica. Artigo publicado na *revista Imaginário*! n. 8. João Pessoa: UFPB – Universidade Federal da Paraíba, 2015.

SOUZA, Claudia Beeck Moreira de. *Os argumentos que justificam as decisões do STF* – Critérios relevantes para o seu controle. Disponível para consulta no endereço eletrônico: <http://acervodigital.ufpr.br/bitstream/handle/1884/30247/R%20-%20D%20-%20CLAUDIA%20BEECK%20MOREIRA%20DE%20SOUZA.pdf?sequence=1&isAllowed=y>

STARLIN, Jim e APARO, Jim. *Morte em Família*. Coleção Eaglemoss, vol. 11. São Paulo: Mythos, 2016.

TROULA, Ricardo, *Storytelling nas histórias em quadrinhos*: o design do novo formato gráfico e o Cavaleiro das Trevas. São Paulo: Universidade Anhembi Morumbi, 2008.

ŽIŽEK, Slavoj. *Ditadura do proletariado em Gotham City* (tradução de Rogério Bettoni). Disponível para consulta no endereço eletrônico: <https://blogdaboitempo.com.br/2012/08/08/ditadura-do-proletariado-em-gotham-city-artigo-de-slavoj-zizek-sobre-batman-o-cavaleiro-das-trevas-ressurge/>

# SUSPENSÃO DA DESCRENÇA: POSSIBILIDADES ENTRE O CINEMA E O DIREITO

***Bruno Tomé Fonseca***[170]

> *A crença derradeira é acreditar numa ficção, que você sabe ser ficção, nada mais havendo além disso; a espantosa verdade é saber que se trata de uma ficção, e que você acredita nela por vontade própria.*
>
> *Wallace Stevens*

## 1. A importância da dimensão artística no campo do direito

Marcelo Ikeda, dentro da trincheira do magistério no campo cinematográfico como Professor do Curso de Cinema de Audiovisual da Universidade Federal da Universidade Federal do Ceará, defende que *"a matéria do cinema é a vida, por que nos reensina a olhar para o mundo".*[171]

A expressão reensinar, a despeito de pouco usual, é muito forte e significativa para a constante evolução humana. O mesmo se pode dizer de reaprender. Caso não seja fomentado o exercício dos verbos reensinar e reaprender como faces de uma mesma moeda existirá uma tendência do ser humano se abrigar comodamente dentro de concepções herméticas, representadas por expressões do tipo "eu já vivi de tudo nessa vida" ou "ninguém ensina burro velho a marchar".

Sêneca, oferece um contraponto poderoso em desfavor das concepções arraigadas daqueles que dizem que já viram de tudo e que resistem a um novo olhar sobre as coisas.

Em *Sobre a brevidade da Vida*, este pondera que *"julgas que navegou muito aquele que, tendo se afastado do porto, foi pego por violenta tempestade e, errante, ficou à mercê dos ventos, aos caprichos dos furacões, sem no entanto, sair do lugar? Ele não navegou muito, apenas foi muito acossado".*[172]

Muito oportuna essa passagem de Sêneca, pois relembra pelo menos duas coisas. A primeira, é que o ser humano, por ter vivido muito cronologicamente, pode pensar que aprendeu tudo, quando, na verdade, pouco aprendeu. A segunda oportuna lembrança de Sêneca está gravada no próprio título da sua obra acima citada: a vida é

(170) Procurador do Estado do Maranhão, Advogado, Escritor e Professor universitário.

(171) IKEDA, Marcelo. *Cinecasulofilia.* 1.ed., Substância: Fortaleza, 2014, p. 151.

(172) SÊNECA, Lúcio Anneo. *Sobre a brevidade da vida.* Porto Alegre: L&PM, 2009, p. 43.

breve. Existe um limitador temporal intransponível para todos nós. Um cronômetro invisível, disparado desde o momento da nossa concepção. O ser humano não pode ser pausá-lo ao sabor dos seus desejos e conveniências.

Por tudo isso, indaga-se: é razoável que o homem insista em abreviar a sua vida, que já é breve, ou o seu conhecimento, naturalmente limitado, simplesmente por se recusar a lançar um novo olhar sobre as coisas sob o pretexto puro e simples de que não adianta aprender mais nada?

Ora, o ensinar, *per si*, é um exercício penoso. Parece-nos que o reensinar é tanto quanto. Reensinar e reaprender são desafios reais. Mas não falamos aqui necessariamente do magistério ou do campo pedagógico. Outros profissionais podem discorrer amiúde sobre esses aspectos. Prefiro ocupar-me ao campo do exercício do olhar. Falo aqui dentro de uma proposta de calibragem do olhar, multi angular, perscrutador, comparativo, extensivo, multidisciplinar, sistemático, humanista.

No contexto dessa calibragem do olhar, por intermédio do reensinar (ou reaprender), a arte é capaz de oferecer elementos facilitadores para a compreensão do Direito. Assim, esta não contradiz a ciência, muito pelo contrário. A arte pode ir muito além, justamente por percorrer caminhos que a própria ciência pode ainda encontrar os seus limites. Assim, tem-se a convicção que arte e ciência podem sentar-se à mesma mesa, sem necessariamente se digladiarem. Afinal, como registrou Joaquim Nabuco, "*a ciência prepara a unidade, enquanto a arte opera a união*". (173)

Deste modo, a arte tira o enrijecimento do Direito, joga cores e luzes sobre ele, expõe nuances, camadas, propõe soluções, propostas, retira-o do escuro, das sombras, da insolubilidade, do monocromatismo.

O artista catalão António Gaudi nos ajuda a entender o quanto é fundamental enxergar as nuances das coisas quando afirma que "*a natureza não nos apresenta nenhum objeto monocromático, ou seja, totalmente uniforme quanto à cor; uma coisa ter que ser mais alta, mais baixa, mais plana, mais côncava; ter que dar um tratamento especial aos ângulos para evitar a rigidez*". (174)

Assim, não restam dúvidas que a arte, notadamente a arte cinematográfica, contribui para o resgate do reencontro, do diálogo, do entendimento, e, se possível, da reconciliação com o direito. Todas essas buscas, cada uma com o seu propósito e utilidade, são legítimas e válidas. Todas essas buscas são infinitamente melhores do que negar o direito, vilipendiá-lo, deturpá-lo, destratá-lo ou subvertê-lo. Ou seja, o encontro da arte com o direito implica pausa no hábito instintivo e frequente de deprimir o conhecimento e o próprio direito.

---

(173) MATOS, Miguel (coord.). *Migalhas de Joaquim Nabuco.* Vol I, 1.ed, São Paulo: Migalhas, 2015.
(174) CIRLOT, Juan-Eduardo. *Gaudi: introdução à sua arquitetura.* Barcelona: Triangle Postals, 2012, p. 31.

Do mesmo modo, não se propõe nesse artigo nada que guarde a conotação de uma tentativa de menosprezo à ciência jurídica enquanto mecanismo unificador. Nesse sentido, vale citar passagem de Gustavo Franco, ex Presidente do Banco Central, que ressalta a importância da ciência na resolução dos problemas, bem como a sua incredulidade com relação a "práticas curativas" no campo econômico, concepção que, *mutatis mutandis,* pode ser aproveitada para o presente artigo:

> *fenômenos sem explicação, misteriosas luzes movendo-se no céu, ou curas alegadamente milagrosas não indicam que a ciência deve perder sua utilidade em nome do curandeirismo.* (175)

Nessa toada, não há nesse artigo qualquer proposta pretensiosa ou de "cura alternativa", tal como uma espécie de homeopatia jurídica, de modo a diminuir as doses de remédios jurídicos. Ou diluir arbitrariamente os efeitos jurídicos no campo das ideias, como se o direito fosse responsável pela intoxicação química da sociedade.

Do mesmo modo, o leitor ao longo da presente exposição perceberá tentativas de inserção de algum dimensionamento artístico no campo do direito. A despeito disso, esclareça-se que não se almeja propor qualquer processo civilizatório ou de refinamento moral forçado ao direito e ao seu profissional.

Inclusive, cumpre o registro que Stanley Kubrick, lendário cineasta novaiorquino, em uma das suas poucas entrevistas, lamentou o mal suceder das tentativas de se tentar inserir práticas culturais a pretexto de "melhorar ou depurar" o campo moral humano. Para isso, cita como exemplo o personagem Alex, da sua obra-prima "Laranja Mecânica", que venera Beethoven e ao mesmo tempo pratica estupros e outras atrocidades:

> *Isso mostra certamente o fracasso da cultura no campo moral. Os nazistas escutavam Beethoven. Alguns deles eram pessoas bem cultas. Isso não mudou em nada o comportamento deles.*(176)

Apesar das francas reticências de Kubrick no tocante à depuração moral pela arte, ainda assim, este não arredou do uso artístico das obras primas da música clássicas na composição de Laranja Mecânica, como parte do organismo da cena, conforme percebido nas palavras de Agostinho Ramalho Marques Neto ao analisar a película kubrickiana:

> *No livro dá para perceber, mas no filme é muito mais perceptível, porque ele contém a trilha sonora, a existência de um contraste entre o alto grau de violência do enredo, por um lado, e a maravilhosa sucessão de peças musicais, pelo outro. Enredo e música constituem um todo indissociável,*

---

(175) SILVEIRA, José Lúcio Alves (organizador). *Ensaios sobre a economia maranhense.* 1.ed. São Luís: EDUFMA, 2014, p. 13.

(176) CIMENT, Michel. *Conversas com Kubrick.* São Paulo: Cosac Naify, 2013, p. 128.

> *que se encarna na pessoa de Alex, ultraviolento nas suas noitadas sádicas e, simultaneamente, sensibilizado até às lágrimas pela sublime emoção que sente ao ouvir músicas clássicas."*(177)

Apesar da incredulidade do uso da arte enquanto ferramenta "moralizadora", não há qualquer obstáculo quanto à proposição de inserções artísticas no Direito, principalmente oriundas do cinema. Essa é a mola propulsora do deste artigo. Do mesmo modo, não interessa para este estudo o rebuscamento da figura do artista preso num autoexílio da sua grande arte. Não convém estimular o isolamento dos fatos artísticos, e sim integrá-los à vida, e, por que não dizer, ao próprio mundo jurídico.

Evidentemente que ao longo do presente texto, verificar-se-á que muitas das fórmulas consagradas do cinema se distanciam naturalmente do *métier* jurídico. Contudo, essas diferenças não deixarão de ser abordadas ao seu tempo e modo, justamente por se entender que mesmo as diferenças guardam a suas importâncias e nuances. E exatamente por isso, enriquecem a abordagem.

## 2. Literatura *versus* cinema

Considerando que há muito está em voga uma linha acadêmica intitulada *Law and Literature,* por que então a opção deste artigo pelo cinema? É muito difícil, senão impossível, convencer o leitor que o cinema é preferível à literatura em qualquer estudo que se queira empreender. Do mesmo modo, é tarefa ingrata persuadir o público que o cinema não é inferior que a literatura como forma ou expressão artística.

A antiguidade e a difusão da palavra escrita, dos textos e dos livros se comparadas com a chamada sétima arte, é algo difícil de fazer qualquer parâmetro comparativo. Tanto que Montaigne, ao dispor sobre a vigorosa replicação e profusão literária, expôs que "*existem mais livros sobre livros do que sobre qualquer outro assunto*". (178)

Por esse motivo, não tecerei grandes esforços no sentido de propor qualquer tipo de medição de forças entre uma e outra forma de arte. Tentarei, contudo, defender que o cinema pode ser uma forma válida de ver o mundo por meio de olhares, enquadramentos e cortes, conferindo uma franca dimensão humana. Defendo que as imagens cinematográficas podem ser igualmente capazes de introduzirem problematizações humanas tal qual a escrita. Sem falar que o meio de veiculação a partir da imagem é algo potente e persuasivo, a partir da constatação replicada por Joaquim Falcão que "*o nosso século é mais e mais o século do visual, o século da imagem*". (179)

---

(177) MARQUES NETO, Agostinho Ramalho. *E agora, Alex, há Lex?*"

(178) GIANETTI, Eduardo. *O livro das citações: um breviário de ideias replicantes.* 2.ed., São Paulo: Companhia das Letras, 2008, p. 41.

(179) LACERDA, Gabriel. *O direito no cinema: relato de uma experiência didática no campo do direito.* 1. ed., Rio de Janeiro: Editora FGV, 2007, p. 9.

Por esse motivo, preferimos nos filiar à proposta que literatura e cinema não se anulam, mas se complementam. Do ponto de vista mercadológico, por exemplo, existe coerência nesse pensamento conciliador, considerando que há muito tempo já existem premiação específica na Oscar para os chamados roteiros adaptados a partir de obras literárias, o que demonstra um grau de intimidade entre o cinema e a literatura.

O cineasta inglês Alfred Hitchcock, por seu turno, abre algumas reticências quando o assunto é adaptação dos clássicos da literatura para o cinema. Ele pondera que nos clássicos há muitas palavras fundamentais e todas elas guardam uma dada função essencial no texto, sendo preciso fazer algo hercúleo de modo a transformar essas palavras em linguagem de câmera sem que esse filme não durasse entre seis e dez horas.

Como será visto linhas abaixo, Hitchcock sempre buscou um domínio absoluto da sua arte e não apreciava o engessamento, por esse motivo, mantinha um distanciamento obsequioso dos clássicos da literatura universal, a exemplo de "Crime e Castigo", do russo Dostoievski.

Em contrapartida, existem outros cineastas que não tiveram problemas aparentes em adaptar para o cinema obras literárias, a exemplo do próprio François Truffaut, um dos principais admiradores e entrevistadores do próprio Hitchcock, que filmou o clássico literário *Fahrenheit 451.*

Tendo buscado alguns cotejos entre cinema e literatura, com as necessárias mesuras a esta última, passo a focar a discussão mais voltada à inserção do cinema no campo jurídico, por entender que essa tentativa só visa a agregar mais valor ao olhar humano. E este, como dito acima, precisa ser constantemente calibrado e o cinema cumpre inestimável tarefa nesse particular.

É preciso ver o direito não somente em grandes coisas ou em questões mais elevadas, mas também nas coisas do cotidiano. O direito pode perfeitamente se ocupar ou se enfronhar dentro do corriqueiro, sem que os juristas sofram com isso qualquer crise de consciência ou de dignidade.

Evidentemente, não que se quer propor que o direito seja a resolução de todo tipo de problematização do mundo. Ora, como dito acima, o direito não pode ser o único responsável pela asfixia da sociedade. Do mesmo modo, não pode ser o principal responsável pela redenção ou justiçamento. O direito, sozinho, não vai livrar as pessoas da fila do pão, do remédio, dos corredores dos hospitais e das penitenciárias.

Agostinho Ramalho Marques Neto compartilha desse ponto de vista quando discorre que *"o direito, que tanto quer ser uma ciência, também é apresentado com frequência como tendo a cura: quantas vezes já se falou da cura pelo direito, da cura pela sanção, da cura pela pena, das pretensas funções curativas da pena no sentido de restituir o sujeito a uma situação de 'normalidade' que no final das contas nunca foi a dele".*[(180)]

Contudo, apesar das limitações do ferramental do direito em comparação à infinitude dos enguiços presentes no mundo dos fatos, ainda assim, ainda é preciso estimular educar o olhar sobre as coisas, sobre os problemas, de preferência, antes mesmo que eles aconteçam. O exercício do olhar traz a reflexão, o senso de ponderação, evita o nascedouro de conflitos intermináveis. Afinal, a vida é uma sequência de mal-entendidos, inclusive, grande parte dos conflitos decorrem invariavelmente deles.

Como diz Joaquim Falcão, é preciso fazer com que se veja *"o justo e o injusto no comportamento das pessoas na rua ou até mesmo na arte"*, para isso, é preciso treinar o olhar jurídico, pois este é que *"decodifica o mundo a partir das normas, princípios e valores da lei e da justiça".* [(181)]

## 3. O direito e o grande público

Todo realizador, em qualquer campo de atuação, exerce em maior ou menor escala o domínio ou manipulação da sua arte. Para citar exemplos, um escritor pode escolher histórias para escrever certos tipos de frases, assim como um cineasta pode inventar histórias para filmar certos tipos de cenas. Eis, portanto, o começo do exercício de manipulação: a escolha de uma história, tema ou argumento, de modo a servir às próprias conveniências do realizador. Ocorre que o exercício "manipulador" vai bem além disso.

Quando se fala em manipulação, estende-se à manipulação do próprio público. Daí a importância que alguns cineastas levam em conta para considerar o público em todos os julgamentos quando está a desenvolver a arquitetura da sua cena. Antecipar os sentimentos do público, considerá-lo e reconsiderá-lo fazem parte do constante exercício cinematográfico de alguns artistas.

Dentro do domínio e manipulação dos ingredientes cinematográficos e, por via de consequência, do público-alvo, não poderíamos deixar de citar o exemplo de Alfred Hitchcock. O cineasta britânico, inclusive, costumava dizer aos seus mais íntimos entrevistadores que costumava levar sempre o público em conta.

Recentemente, *Sir* Anthony Hopkins interpretou Hitchcock no cinema. O filme por ele estrelado se debruça sobre os bastidores do filme Psicose (1960). Uma das cenas finais desse filme retrata a data da estreia deste clássico do cinema à época. O Hitchcock interpretado por Hopkins se afasta da sala do cinema. Provavelmente,

---

(180) Cf. MARQUES NETO, Agostinho Ramalho. *Op., cit.*
(181) Cf LACERDA, Gabriel. *Op., cit.*, p. 7

para se sentir auditivamente a reação do público do lado de fora, principalmente no ápice do filme, na famosíssima cena do chuveiro. A uma distância calculada, suficiente para captar os ruídos da trilha sonora, os gritos e sussurros do público, Hitchcock, solitário, gesticula freneticamente os golpes de faca. Sabe exatamente quando o termômetro do público está atingindo o pico máximo de tensão. E vai serenando o seu ânimo à medida que percebe que essa tensão se esvai junto com o sangue da vítima no ralo do chuveiro. Essa cena é um dos registros máximos de manipulação de um cineasta sobre o seu público. Ele sabe tudo. Ele pode tudo.

Tentando fazer um exercício paralelo com o direito, a prestação jurisdicional deve ter como premissa ser voltada para o grande público?

Responde-se esta pergunta a depender de que direito se queira abordar. Por exemplo, as grandes questões de massa, reiteradas, redundantes, que não precisariam atolar desnecessariamente o Judiciário por pura falta de interesse processual e por serem tão cristalinas que sequer precisariam de um acertamento judiciário para definir "o que pertence a quem". Nessas situações, creio, não se devam mais admitir perpetuações e delongas desnecessárias que resultariam em francas injustiças. Nesse particular, a Justiça deve continuar a ser indeclinável, contudo, para ser mais administrativa e gestora do que propriamente, jurisdicional. Isso porque deve estar mais talhada para performar na resolução das questões efetivamente de massa, que já não deveriam mais sequer enxergadas como conflitos. Parcerias e termos de cooperação técnica do Judiciário com empresas, sindicatos, associações, órgãos de defesa do consumidor, advocacia pública, órgãos, entidades estatais, empresas públicas, concessionárias e permissionárias e universidades, são instrumentos mais que obrigatórios para reduzir o represamento dos estoques de "conflitos" inúteis, bem como para reduzir o tempo médio (ainda muito alto) de resolução destes problemas, que, repito, sequer deveriam ser enxergados como conflitos.

Assim, nesse particular, entendo que o direito não deve se inibir e sim estar pronto para gerar uma grande performance, com vistas a agradar em cheio o grande público. Nesse aspecto, deve-se enxergar a prestação jurisdicional de forma prática, em escala comercial (no melhor sentido da palavra) e até industrial, refletida em metas e números claros.

Contudo, não se está esquecendo que as decisões judiciais na sua essência veiculam a entrega deste ou daquele bem da vida (liberdade, patrimônio, obrigação de fazer, não fazer) e não se nega a delicadeza dessa tarefa nos variados casos levados à análise do Poder Judiciário. Por esse motivo, existem questões judiciais que não devam ser tratadas apenas como meros números ou estatísticas. Estão longe da massa de questões acima citadas. Nesse tipo de demanda os fatos saltam à vista do julgador e não devem ser tratados como um varejo judicial, sob pena de mais uma vez ocorrer uma flagrante injustiça.

Por esse motivo, existem também os perigos de o direito ser voltado ao grande público, à grande massa, à grande mídia, seja para exercer manipulação, seja para sofrer manipulação.

Observa-se na grande mídia, trechos de decisões judiciais que são levados diariamente aos noticiários, onde cada linha parece ser milimetricamente calculada para ser levada ao público. Como se escolhidos aqueles trechos que vão agradar em cheio o público, como um bálsamo, um frescor, uma satisfação.

Como dito acima, o Direito lida com vidas, patrimônios, reputações, um sem número de bens e coisas tangíveis e intangíveis, exprimíveis e inexprimíveis. Por esse motivo, não nos parece também que o Direito deva ser um instrumento voltado exclusivamente à massificação ou à manipulação de sentimentos, corações e mentes. Do contrário, pode ganhar um viés perigoso. Reputa-se perigoso quando o julgador, que lida com todos esses ativos de suma importância, queira se sentir querido ou estimado por um grande público. Como se estivesse sendo forjado um ídolo, um astro.

Ora, é legítimo que um artista busque esse reconhecimento dentro da sua arte. Um diretor de cinema tem todo direito de alternar entre filmes mais comerciais e artísticos, com vistas a ser reconhecido de uma ou de outra forma. Isso está dentro dos limites naturais da arte. Não se questiona aqui se a arte é boa ou ruim, superior ou inferior. Agora, o mesmo sentimento de busca de ser querido não é algo que deve ser necessariamente o objeto de busca por alguém que é responsável por decidir conflitos, individuais e coletivos. Aqui estão as diferenças e as dificuldades.

## 4. Os desafios trazidos pela opinião pública

Expusemos acima que há que se tratar com parcimônia a formação de idolatrias e egolatrias no campo da Justiça, tal como se esta se assemelhasse a algo hollywoodiano.

Esse cuidado deve se redobrar, pois, a despeito do tecnicismo típico da seara jurídica, existe uma tendência natural de o espectador leigo se sentir atraído pela glamourização de um direito retratado nos filmes de tribunais, retocado pelos ruges e pelos movimentos de câmeras, cortes e edições hollywoodianas.

Essa cultura da glamourização, de uma certa forma estimulada pelo cinema, apresenta um Direito estilizado, *clean*, com profissionais bem sucedidos, debruçados sobre casos sofisticados e envolvendo muito dinheiro. Essa visão míope está muito longe de ser o caminho de aproximação ou reencontro com o Direito que se queira propor por meio deste artigo.

O cinema deve se prestar a algo que exercite uma proximidade com os problemas jurídicos reais que são postos, de forma educativa, elucidativa, explicativa e reflexiva.

A TV Justiça, em canais pagos, cumpre um papel interessante nesse particular, mas por ora, ainda é voltado a um público bastante restrito, já iniciado de uma certa forma com a cultura jurídica.

Contudo, não se nega o esforço nos últimos tempos de estimular uma cultura de aproximação do público em geral com o direito. Os jornais das tevês abertas se esforçam na tarefa aproximativa com a população, por intermédio da cobertura aos movimentos forenses, notadamente da Ação Penal n. 470, que se chamou de Julgamento do Mensalão. Termos ou expressões jurídicas passaram a ser traduzidas por jornalistas, fases processuais passaram a ser dissecadas quanto a sua finalidade, recursos e nuances regimentais foram objetos de lupas jornalísticas para tentar mostrar ao cidadão todos os meandros desse julgamento histórico.

Com todo esse interesse aproximativo da população pelas questões postas à apreciação do Poder Judiciário, fala-se mais deste Poder, dos seus membros, dos seus pensamentos. Os próprios magistrados falam mais, concedem mais entrevistas, expõem extramuros os seus pontos de vista. Fica claro que um novo conceito de publicidade vem sendo forjado, num sentido muito além das meras publicações nos Diários de Justiça dos despachos, expedientes e decisões.

Percebe-se, por via de consequência, que vem se assimilando outro tipo de convívio com o Judiciário, francamente mais aberto, mais suscetível e mais permeável às caudalosas opiniões do público em geral.

Mas há que se ressaltar que a intitulada opinião pública ainda possui um conceito inserido dentro de um vácuo de indeterminação. Por esse motivo, as regras de convivência do direito com a opinião pública ainda estão muito longe de serem solucionadas.

Roberto Campos, embora não tenha militado especificamente no campo do direito, ironizava a referida expressão, dizendo não existir opinião pública e sim "opinião publicada". Joaquim Nabuco, mais poético, registrou que "*o juízo da multidão que hoje nos eleva ou nos deprime, esse representa apenas a poeira da estrada*".[(182)]

A despeito das dificuldades do dimensionamento do real sentido da expressão "opinião pública", ruídos, estranhamentos e conflitos fustigam as autoridades públicas. As instituições, a partir deste cenário de alta suscetibilidade de exposição dos seus membros, guardam preocupação em certas atividades que sirvam de consultoria e anteparo para essa nova convivência. Por exemplo, articuladas assessorias de imprensa dentro do Poder Judiciário e que conheçam a fundo a "regra de negócio" deste Poder devem assumir uma função realmente estratégica, acompanhando *pari passo* de tudo que é veiculado na mídia a seu respeito, estabelecendo termômetros, parâmetros, informações, subsídios diretos ao novo magistrado gestor.

---

(182) Cf. MATOS, Miguel. *Op., cit.*

Não se quer propor que o magistrado abandone a técnica e a prova dos autos e trate o Direito como algo voltado ao deleite público. Muito menos que se abstenha da desejável imparcialidade. Contudo, não se pode negar que cada vez se demanda do magistrado um perfil cada vez mais próximo de um gestor. Isso porque o julgador vem sendo instado a desempenhar multifacetadas funções, bem como se observa o exercício da sua atividade cada vez mais fora dos autos, despido da ambiência do gabinete e da sala de audiências, cada vez mais junto com o público e com a mídia.

## 5. O direito induz à contemplação?

Haruki Murakami, no seu livro "Do que eu falo quando eu falo de corrida", ponderou que *"por mais mundana que uma ação possa parecer, fique nela tempo suficiente e ela se tornará um ato contemplativo, meditativo até"*.(183)

A contemplação é uma característica essencialmente humana, assim, não se pode ignorar a contemplação no plano da arte. Existe uma forte tendência humana para a contemplação, da arte para a contemplação, de fazer a arte a partir da contemplação, por isso vemos inúmeros quadros geralmente de planos mais abertos, abordando a natureza e sua imobilidade em primeiríssimo plano, em alto relevo. Em muitas dessas obras, o ser humano, se por um acaso presente, está num ponto, quase engolido pela contemplação à natureza.

Mas em muitas situações o cinema estimula e induz a tal contemplação, incentiva a condição dos espectadores como consumidores, retidos numa sala escura, absolvidos e atordoados aos cortes e movimentos de câmera do idealizador da obra cinematográfica.

Foi dito acima que o domínio do realizador sob a arte cinematográfica parece uma extensão de um domínio sobre as sensações e emoções do espectador. O produtor e o cineasta, como donos dos cordéis que controlam marionetes, podem, inclusive, praticar um franco exercício de manipulação sobre o seu público-alvo.

Contudo, não se afigura atraente para a evolução artística a existência do domínio técnico como algo em si mesmo, como a reafirmar a figura de um artista retido na jactância improdutiva da sua virtuose, no meio de um autoengano, de um egoísmo deliciado em não partilhar com o espectador as sensações, as emoções, os sobressaltos, os risos, os choros. Como se no seu retiro artístico somente existisse a sua equipe técnica à serviço exclusivo dos seus maneirismos.

Nessa ambiência improdutiva, a vontade do realizador é a própria ordem jurídica desse microcosmo. Ou seja, o realizador atomiza o espectador dentro de sua

(183) MURAKAMI, Haruki. *Do que eu falo quando eu falo de corrida.* Rio de Janeiro: Alfaguara, 2007, p. 7

visão totalitária, destruindo as suas capacidades cognitivas, isolando-o, privando-o do seu próprio eu (usando a expressão de Hannah Arendt). (184)

Ainda dentro desse contexto, o espectador transforma-se num autômato, num ser massivo, destituído de identidade, um obediente cego, um portador de um olho anestesiado (e não de um olhar) e de uma consciência enclausurada.

Essa faceta do realizador cinematográfico labora a favor de uma contemplação improdutiva do espectador, como se este fosse uma marionete cujos cordéis fossem manipulados de modo egoístico pelo cineasta/produtor. Ativos tão caros ao público como o encantamento, a cumplicidade e a identificação seriam relegados a um plano encoberto pelo autocentrismo ou mesmo pela postura totalitária do realizador.

Cito outro ângulo dessa espécie de contemplação passiva. Para isso, valho-me de um exemplo, o filme Birdman (A Inesperada Virtude da Ignorância), de Alejandro Gonzalez Iñarritu, ganhador dos principais prêmios do Oscar do ano de 2015.

O personagem principal do filme, Riggan Thomson, interpretado por Michael Keaton, é estigmatizado no *show business* como um personagem de super herói, uma espécie de "homem-pássaro". Essa pecha artística torna-se insustentável para ele, motivo pelo qual ele busca ser aceito no mundo artístico como alguém que tenha feito algo "relevante".

Nesta tarefa hercúlea de auto realização artística o seu guru artístico é o escritor norte americano Raymond Carver (1938-1988). O personagem Riggan Thomson não mede esforços físicos e financeiros para montar na Broadway uma peça baseada numa obra de Carver, "Do que falamos quando falamos de amor".

Dois momentos do filme revelam o porquê exatamente desse apego demasiado de Riggan Thomson com o escritor.

Na cena inicial, Carver tem uma frase sua citada como epígrafe do filme: "*O que você queria? Me sentir querido na Terra*". Essa frase antecipa como funciona a mente do personagem principal na busca da sua redenção artística. Ou seja, o filme retrata a busca incessante de um homem em ser querido e reconhecido artisticamente.

Na outra cena, o mesmo Raymond Carver é relembrado numa conversa de bar de Riggan Thomson com um ator talentoso que compõe o elenco da sua peça. Embora esse ator seja portador de uma arrogância e autosuficiência insuportáveis, ele incensa Raymond Carver, tanto que o considera um escritor artisticamente visceral, daqueles que "deixam um pedaço de fígado na mesa quando escrevem". Contudo, para Riggan Thomson o que pesa no apego artístico a Carver é algo mais pessoal do que de propriamente artístico. Carver, num passado distante, elogiou a interpretação

---

(184) ARENDT, Hannah. Origens do Totalitarismo. São Paulo: Companhia das Letras, 1998, p. 445

de Riggan Thomson como ator, por meio de um minúsculo escrito num pedaço de papel. Este papel amarelado e amarrotado é guardado como uma relíquia.

Ser querido. Mostrar-se relevante. Medo de não ter importância. Tudo para si. Pouco pela arte. Esse um pequeno resumo do personagem Riggan Thomson e que também traz um ângulo egoístico de um artista, mais preocupado consigo do que propriamente com qualquer proposta de evolução artística ou sensação do espectador. Embora o final do filme mostre uma "solução final" chocante trazida à peça pelo personagem Riggan Thomson, isso nos afigura algo mais tendente ao desespero do que algo propriamente artístico.

Artistas como o personagem Riggan Thomson são geradores uma contemplação estéril. O Afinal, por que e para que o espectador está ali? Qual a finalidade dessa contemplação? Parece o espectador mais uma testemunha inerte de um egoísmo ou desespero artístico.

E quando teremos a contemplação, menos como algo estéril e mais como algo que se avizinhe com o encantamento, a cumplicidade e a identificação do espectador? Algo que transcenda o artista e leve em conta também o espectador? Hitchcock costumava dizer que sempre levava o público em conta. É esse o melhor sentido de contemplação.

E o direito estimula que tipo de contemplação? Diríamos que o estímulo à contemplação improdutiva dar-se-ia no plano do direito a partir do momento em que desconhecemos ou nos sentimos apartados dele a partir dos efeitos gerados pela sensação de que o direito é um fim em si mesmo, algo não necessariamente voltado a entregar a cada um aquilo que é seu, seja na perspectiva individual quanto no ponto de vista coletivo. A expressão usada por Eça de Queirós em "Os Maias" de que *"não me interessa senão a vida"*(185), vale exatamente para explicar o espírito do jurisdicionado quando busca o Direito para a solução dos seus problemas. O exercício do Direito como um fim em si mesmo, rende um ambiente muito semelhante ao "retiro artístico" em que o artista egoísta vive, ilhado em seus maneirismos, militando exclusivamente em favor de sua virtuose estanque.

## 6. Os cuidados com a linguagem

Existem várias formas ou mecanismos capazes de reter o direito em si mesmo em compartimentos estéreis, de forma a gerar no seu público alvo uma sensação de pura contemplação. Podemos citar algumas.

No campo do direito, o hermetismo despropositado da sua linguagem é um fator de formação de uma plateia contemplativa na pior acepção da palavra. Fala-se aqui na linguagem desconectada, inservível, destoante do binômio necessário-útil.

---

(185) QUEIROZ, Eça de. *Os Maias*. Estarreja: Moderna Editorial Lavores, 2008, p. 375.

Ou seja, no direito, pode-se flertar com o contemplativo diante de um uso despropositado de uma linguagem pouco ou nada aproximativa. Por exemplo, quando recheada de termos encapados de um latim de pouca utilidade, que poderia ser facilmente traduzível à língua pátria.

A despeito de tudo isso, há que se ponderar pela necessidade de uma contextualização da linguagem jurídica com o mundo dos fatos, com o mundo realístico, tirando qualquer ranço de utilização artificial e sem utilidade.

Somado a isso, a exemplo do que ocorre no cinema, deve-se laborar para que no direito não existam palavras inúteis. Tanto o dito quanto o não dito devem se prestar a algo. Linguagem não deve ser penduricalho ou luxo morto. Parafraseando Paul Valéry, citado por Eduardo Gianetti, "é necessário mais espírito para prescindir de uma palavra do que para empregá-la".(186)

Bentham, citado pelo mesmo autor, cunhou um pensamento que refletem os limites das consequências que podem advir do emprego excessivo de palavras impróprias ou mal colocadas no metiér jurídico:

*"Num código legal – especialmente composto de leis tidas como constitucionais e fundamentais – uma palavra imprópria pode ser uma calamidade nacional: e a guerra civil, a consequência disso. De uma palavra tola podem irromper mil punhais."*(187)

Não entraremos no mérito se a frase em questão carrega um cunho excessivamente fatalista, contudo, esposamos o pensamento de que o jurista deve se cuidar para que não multipliquem as palavras para além da sua necessidade, evitando que se deturpe a linguagem jurídica, e, essencialmente, que não perca de vista a sua ideia central e a intenção que lhe deu origem.

No cinema, já existe muito bem demarcada como uma das suas atividades mais importantes e basilares a chamada edição ou montagem, que serve justamente para a eliminação dessas desmensurações e excessos e o devido "encaixe" das cenas dos seus devidos lugares, conferindo-se um sentido narrativo.

Edição ou montagem consiste *"num processo de selecionar, ordenar e ajustar os planos de um filme ou outro produto audiovisual a fim de alcançar o resultado desejado – seja em termos narrativos, informativos, dramáticos, visuais, experimentais".*(188)

Contudo, no plano da palavra escrita, de onde o direito se vale fortemente, o corte daquilo que não é útil acaba sendo uma tarefa árdua e de difícil execução, tanto que Graciliano Ramos, na seara literária, abordou muito bem a sua aridez:

---

(186) Cf. GIANETTI, Eduardo. *Op., cit.*, p. 29.
(187) Cf. GIANETTI, Eduardo. *Op., cit.*, p. 32.
(188) https://pt.wikipedia.org/wiki/Montagem

> *"Deve-se escrever da mesma maneira com que as lavadeiras lá de Alagoas fazem em seu ofício. Elas começam com uma primeira lavada, molham a roupa suja na beira da lagoa ou do riacho,* torcem *o pano, molham-no novamente, voltam a torcer. Colocam o anil, ensaboam e torcem uma, duas vezes. Depois enxáguam, dão mais uma molhada, agora jogando água com a mão. Batem o pano na laje ou na pedra limpa, e dão mais uma torcida e mais outra, torcem até não pingar do pano uma só gota. Somente depois de feito tudo isso é que elas dependuram a roupa lavada na corda ou no varal, para secar. Pois quem se mete a escrever devia fazer a mesma coisa. A palavra não foi feita para enfeitar, brilhar como ouro falso; a palavra foi feita para dizer."* (189)

Eça de Queirós, assim como Graciliano Ramos, foi crítico mordaz do brilho falso das palavras, escamoteada sob a forma de "estrofes de ouro", perdidas em esconderijos por pura falta de ideias e soluções. Este expõe de modo contundente que *"se for necessário falsear a ideia, deixá-la incompleta, exagerá-la, para a frase ganhar em beleza, o desgraçado não hesita...vá-se pela água abaixo o pensamento, mas salve-se a bela frase".* (190)

Poder-se-ia argumentar que a linguagem técnico jurídica em si mesma já é pouco aproximativa, pois se vale de termos intrinsecamente pouco usuais, avessos aos termos cotidianos. Nomes de recursos tais como embargos de declaração, agravo de instrumento, agravo regimental, por exemplo, são nomes densos, pouco ou nada passíveis de uma intelecção mais aproximada, sempre sendo necessário desvendá-los de um ponto de vista essencialmente técnico. Entendemos que a despeito de todas as reservas expostas acima, deve-se salvaguardar a linguagem jurídica no sentido da sua indispensabilidade enquanto abordados do ponto de vista técnico, mas a serviço do operador, depurada de um sentido da inutilidade, enquanto técnica veicular, ferramental, que se presta a uma finalidade específica, a um dado atingimento.

## 7. A obsessão pela originalidade

Não se quer com esse trabalho propor um desapego ou um desacato puro e simples à tradição como condição de uma suposta condição de progresso. Sabe-se da importância da tradição como símbolo da experiência vivida, ainda mais no campo do Direito. Joaquim Nabuco, ao tratar da importância simbólica da tradição, expôs que *"As academias como tantas outras coisas, precisam de antiguidade. Uma academia nova é como uma religião sem mistérios: falta-lhe solenidade."* (191)

---

(189) LEBERSZTAYN, Ieda; SALLA, Thiago Mio. *Conversas: Graciliano Ramos.* 1.ed., Rio de Janeiro: Editora Record, 2014, p. 77.

(190) Cf. QUEIROZ, Eça de. *Op., cit.*, p. 207.

(191) Cf. MATOS, Miguel. *Op., cit.*

A partir dessa concepção, cumpre que se fomente o franco respeito aos clássicos e que estes devam ser constantemente revisitados. O cinema sempre reverencia e bebe das fontes dos seus clássicos, a exemplo do que acontece com o cinema mudo, que, segundo vários cineastas, a exemplo de Hitchcock, considerando-o a forma mais pura do cinema. Por que o direito não pode seguir semelhante exemplo de reverência? Em alguns momentos, senão em muitos deles, é mais producente um retorno humilde ao classicismo à busca irrefreável ao original ou "obsessão da originalidade", mencionada assim por Stanley Kubrick:

> *"Com certeza há uma importante parte da arte moderna que não é interessante, na qual a obsessão da originalidade produziu um tipo de obra que talvez seja original, mas não tem o menor interesse".*
>
> (...)
>
> *"É arte, mas não é surpreendente e não causa admiração e surpresa. Acho que em certas áreas, na música em particular, uma volta ao classicismo é necessária para tentar parar essa busca estéril da originalidade."*(192)

No sentido exposto por Kubrick, cumpre refrear, inclusive no campo do direito, a busca desmedida e impaciente pela originalidade ou de se parecer com um (pseudo) moderno, por conta do sério risco da falta de embasamento, consistência ou de qualquer senso de proporção.

Ressalte-se, inclusive, que existe uma expressão latina de contraste ao que se cunha como "original" – *nil novi super terram* (nada de novo sobre a Terra) – que vem a convergir com o pensamento de Aristóteles, que já no século IV A.C., considerava que "*as mesmas opiniões recorrem em ciclos entre os homens, e não apenas uma ou duas vezes, ou só ocasionalmente, mas infinitamente reiteradas*".(193)

Cabe inclusive refletir no campo jurídico, difusor de livros e mais livros e de livros sobre livros (parafraseando Montaigne) se todo o esforço na busca pela originalidade e do ineditismo das teses e estudos acadêmicos não tenderiam a ficar enfurnados dentro dos escaninhos da bibliotecas nos Mestrados e Doutorados. Ao invés disso, não poderia todo esse esforço ser revertido na capacidade de se criar soluções reais, necessárias e úteis aos problemas postos à frente do jurista e do jurisdicionado?

Propõe-se que o estímulo ao academicismo beletrista seja proporcional ao estímulo às soluções dos problemas do cotidiano do direito. Existem germens de soluções no campo jurídico que são estimulados por intermédio de premiações em nível nacional como o Prêmio *Innovare*, uma louvável iniciativa. Todavia, na nossa visão, este estímulo na busca de soluções precisam ser estimulados de modo perene, por meio de uma agenda interinstitucional efetiva, por meio de

---

(192) Cf. CIMENT, Michel. *Op., cit.*, p. 117
(193) Cf. GIANETTI, Eduardo. *Op., cit.*, p. 92.

termos de cooperação técnica entre os órgãos ligados à Justiça e as próprias universidades públicas e privadas em algo que vá muito além da concessão de vagas de estágio. É preciso que os órgãos ligados à Justiça lancem mão realmente dos centros de conhecimento para que realmente se encontrem os produtos que solucionem os seus gargalos.

Em contrapartida, é preciso que o ensino jurídico seja algo muito além da busca das teses laureadas com louvor, mas posteriormente engavetadas. É preciso que se fomente a criação de "incubadoras de soluções no campo jurídico", a exemplo do que ocorre com o as "incubadoras de empresas", do Serviço Brasileiro de Apoio às Micro e Pequenas Empresas – SEBRAE.

As incubadoras de empresas, frutos da aproximação entre ambientes de ensino e empresas, apoia-se na parceria empresa-governo-universidades e traz a visão de que é possível se produzir soluções aos problemas reais a partir da criação de um ambiente que "*não só são pesquisadas soluções, como também são oferecidas viabilizações de produtos prontos para consumo das empresas ou mercados interessados*".[194]

Precisamos realmente de incubadoras de soluções no campo do direito, que conheçam as demandas da comunidade jurídica, os reais problemas do ponto de vista prático e real para que possa efetivamente medi-los e, ao final, proponham um produto experimental ou final potencialmente apto a soluções. Se essas soluções são ou não originais, pouco importa. O que vale é que sejam estimuladas, para que possam ser efetivas à solução dos problemas. Transformar conhecimento ou experiência em um produto ou serviço que solucione uma necessidade do mercado, ou transmudar um conhecimento profundo numa trivialidade, é o que vale no final das contas.

## 8. A importância dos fatos

O cinema vale-se fortemente do fato e do argumento para conferir a sua estrutura e existência. Para isso existe o roteiro, seja ele original ou adaptado. O espectador precisa compreender a história e não simplesmente a sinopse para conseguir prosseguir com a sua experiência diante de uma obra cinematográfica. O próprio diretor precisa de um fato para começar o seu exercício autoral. Cada diretor busca uma história segundo os seus próprios princípios, sem jamais negar a importância que ela possui para o ofício cinematográfico.

Martin Scorsese, por exemplo, confidencia que se sente atraído quando "sentia raiva da história". Quando escolheu a história do filme "Os Infiltrados", ganhador do Oscar de 2010, ele expôs que *"na leitura mais rasa de 'Os Infiltrados', ninguém pode confiar em ninguém. Todo mundo mente para todo mundo. Isso me alimentou de certa forma, me deixou bravo, me pôs em movimento"*.[195]

(194) http://www.nintec.ufla.br/inbatec/programa-de-incubacao/sobre-as-incubadoras-de-empresas/
(195) SCHICKEL, Richard. *Conversas com Scorsese.* São Paulo: Cosac Naify, 2011, p. 336.

Stanley Kubrick, por sua vez, considera a escolha de uma história tão importante e fundamental, que essa seleção determina a própria velocidade para fazer os seus filmes:

> *Para mim, o mais difícil é encontrar uma história. É bem mais difícil do que arranjar dinheiro, escrever o roteiro, rodar o filme, montá-lo etc. O fato de cada um de meus três últimos filmes ter me tomado uns cinco anos vem do tempo considerável que levei para encontrar uma história que valesse a pena.*(196)

Seguindo o exemplo do cinema, o direito brasileiro deve buscar, em primeiro lugar, valorizar a história contada pelos seus atores processuais. Deve compreender o fato por todos os seus ângulos e nuances. Só a partir dessa compreensão é que se deve buscar as suas variadas soluções.

A casuística é matéria-prima do direito, é insumo laboratorial para a sua retroalimentação. Por esse motivo, observa-se a introdução dos chamados *cases* no início da instrução jurídica das faculdades norte americanas. Começa-se a compreender o direito a partir da sua problemática factual, da sua casuística. As sutis discriminações oriundas da casuística moderna não podem ser negligenciadas pelo direito.

Se não se compreende realmente o fato, enfraquece-se consequentemente o direito. Este acaba se tornando um instrumento para resolver conflitos paralelos, acessórios, incidentes meramente processuais, sem o devido ingresso no âmago do bem da vida ou da própria vida.

## 9. A necessidade de uma visão de sistema

Outro foco de contemplação pouco agregadora no campo do Direito está na cultura de profusão normativa incessante, em graus de hierarquia, sobreposição e intermináveis conflitos interpretativos.

A sensação labiríntica de um ordenamento recheado de normas em camadas desordenadas para todo e qualquer tipo de situação é um sério fator de desagregação e de incompreensão do direito. É o que se pode chamar de inflação legislativa, fenômeno que parece estar longe de cessar no país. Acaso não se estimule uma visão realmente sistêmica de ordenamento, com instrumentos de resolução dos conflitos no próprio ordenamento posto, eliminando os excessos e casuísmos, continuaremos a estimular um constante estado de contemplação, chegando a aproximar o "espectador" a algo próximas a uma confusão mental.

Outro reflexo decorrente de um cenário de desordem sistêmica reside no estado de perpetuação das divergências e correntes jurisprudenciais. Insistimos em

(196) Cf. CIMENT, Michel. *Op., cit.*, p. 213

nos deparar com inúmeras correntes e divergências jurisprudenciais inconciliáveis e insistimos em manter essa divergência persistir, inclusive nas instâncias superiores.

Pode até parecer atraente e levemente glamourosa a existência dessas correntes apartadas nas Turmas, Câmaras e Seções das Cortes rigorosamente sobre os mesmos fatos. Propugna-se e evoca-se a divergência em nome da chamada liberdade de convicção. Esquece-se, contudo, que a continuidade dessa divergência de convicção jurídica ou intelectual causa ao "espectador", aos destinatários dos comandos jurisdicionais ou ao mero observador ocasional uma sensação de incompreensão, de desamparo, de desconfiança até.

Não se quer oferecer qualquer tipo de contraste à liberdade de pensar do julgador. Absolutamente. O que se quer é estimular a redução gradual do tempo médio dessas divergências em todo e qualquer grau de jurisdição. De preferência, o mais brevemente possível, eliminando-se qualquer chance de se forjar o pseudo "charme intelectual", baseado na concepção de que um Ministro pensa deste e outro Ministro pensa daquele modo.

Caso contrário, uma enorme massa de contempladores incompreendidos do Direito tende a se adensar. Divergências intelectuais sempre existirão. Contudo, como o que se tem como pano de fundo é o Direito, o bem da vida, a necessidade de dar a cada um aquilo que é genuinamente seu, não se pode aprofundar essas divergências numa cronometragem indeterminada. Não se pode ofertar como consolo que *"este mundo paga juros"* (parafraseando Herman Melville)(197) como se fosse uma bonificação pela demora que gira em torno de uma dada indefinição. Principalmente quando essa indefinição é jurídica, considerando inclusive que os fatos já foram postos integralmente à mesa do julgador e não precisam mais ser elucidados. Como se todos pudessem esperar sentados *ad eternum* a pacificação de uma guerra intelectual como a esperar num *bunker* frio e solitário o fim de um bombardeio bélico para ir buscar nas ruas um prato de comida. O direito não pode obrigar o jurisdicionado a possuir a resignação de um mártir.

Considerando que o direito ainda precisa se acertar quanto à noção de sistema, no caso do cinema, mesmo que as histórias contadas pareçam intrincadas ou fragmentadas, busca-se normalmente uma ideia de um todo. Portanto, parece o cinema ser muito bem resolvido quanto à noção de sistema. Assim, o cinema, à sua maneira, trabalha com partes que funcionam sistemicamente e que vão muito além da direção e do elenco. Temos a produção, que atua num *backstage* invisível, porém, fundamental; o roteiro, que fornece ou não, conforme as conveniências, os fatos e os elementos informativos ao espectador; a montagem, que dá o ritmo e a coerência; a direção de arte, que confere a ambientação e a atmosfera; a direção de fotografia que brinda o filme com a textura; o figurino, que vai muito além da estética das vestes, outorgando personalidade aos personagens.

---

(197) MELVILLE, Herman. *Moby dick.* São Paulo: Cosac Naify, 2008, p. 94.

Exemplos como esses vindos do cinema que podem servir de sustentáculos para o direito para buscar a visão do integral, do todo, da união de esforços, dos recursos humanos, a partir de uma busca real pelas *expertises*, na busca da resolução dos problemas postos.

## 10. O (s) ponto (s) de vista

Diz-se que o cinema enquanto forma de arte não é realidade, é um modo de olhar, perspectiva, representação do real, o ponto de vista dos seus realizadores.

O artista norte americano Edward Hopper, ao tratar sobre o ponto de vista de um realizador no plano da pintura, ratifica o entendimento acima aduzindo que "*o quadro não é a transposição exacta de um local real, mas uma combinação de esboços e impressões de elementos desta região*". (198)

Interessante a valia da referência ao cultuado pintor, justamente por sua franca proximidade com o cinema. Este, além de cinéfilo convicto, inspirou grandes cineastas, como Alfred Hitchcock, na pintura "Casa ao lado da ferrovia" (1925). A áurea de solidão e isolamento desta mansão à beira de um caminho de ferro conferiu traços para a construção cinematográfica do célebre Bates Motel, do clássico Psicose (1960).

No plano artístico, o realizador para valer-se do seu ponto de vista diante do espectador, assenhora-se da regra de ouro chamada de *quarta parede*, que é:

> *uma divisória imaginária situada na frente do palco do teatro e através da qual a plateia assiste à ação do mundo encenado sem interferência. É uma quebra de artifício, na qual o público olha a 'verdade', como que por meio do buraco de uma fechadura.*
>
> (...)
>
> *"é parte da chamada 'suspensão da descrença', um termo aplicado ao teatro, à literatura e ao cinema que se refere à vontade de um leitor ou espectador em aceitar como verdadeiras as premissas de um trabalho de ficção, mesmo que elas sejam fantásticas, impossíveis ou contraditórias.*(199)

Essa regra da quarta parede, trazida originariamente do teatro, é plenamente aplicada ao cinema, considerando que o cinema pode ser puro voyeurismo e, ao mesmo tempo, pode firmar um pacto de ilusão consentida, tácito, sem tinta e sem papel. Essa é a ideia da suspensão da descrença, termo cunhado pela primeira vez no campo das ideias pelo poeta satírico Luciano de Samósata entre os anos 161-180 D.C., durante o reinado de Marco Aurélio: um pacto de aceitação subscrita implicitamente pelo público, aceitando como realidade a ficção, sabendo ser ficção.

---

(198) RENNER, Rolf G., *Hopper.* Colônia: Taschen, 2003, p. 71.

(199) http://www.spescoladeteatro.org.br/noticias/ver.php?id=512

Muito se discute nas câmaras acadêmicas que o direito, a exemplo do cinema, seria também a representação de uma perspectiva ou ponto de vista dos dominadores sobre os dominados. Contudo, preferimos não entrar no âmago deste tipo de discussão.

O presente trabalho defende, a exemplo do que se verificou em outros tópicos, um direito mais rente ao mundo dos fatos, com o eixo gravitacional girando em torno daquilo que efetivamente se pede, do que se busca efetivamente dirimir. Do contrário, o que se obteria do direito seriam discussões colaterais, acessórias, sobre o acerto ou desacerto do manejo da instrumentação posta à disposição dos técnicos e operadores. Esse tipo de concepção, como dito acima, veicula um direito defensivo, autoprotetivo, hermético, de alto coeficiente de alheamento. É o direito do fim em si mesmo.

Esse tipo de concepção do direito remete à visão de um laboratório, repleto de tubos de ensaio, de máquinas e parafernálias, mas sem nenhum ser humano para explicar que tipo de experimentação ou solução científica sairia daquelas estranhas quatro paredes.

Portanto, conclui-se a partir da regra de ouro da construção da quarta parede que o cinema ainda tem muito que ensinar para o direito no sentido de como representar uma dada realidade, um ponto de vista, uma perspectiva e ainda ser crível ao seu público alvo. Operando, inclusive, a miraculosa fórmula de trazer para o direito "a suspensão da descrença" mencionada acima, a exemplo do que ocorre com o cinema. E, ao final, fazer com que o público-alvo, o jurisdicionado, por si próprio, aceite as suas soluções ou decisões com o mínimo de alheamento, estranhamento e contemplação.

## 11. A ênfase no estrutural

Francisco Müssnich, lamenta não existir um curso ou matéria chamada "Engenharia do Direito", quando comenta em seu livro Cartas a um Jovem Advogado: *"se inventassem um curso que misturasse Engenharia e Direito, creio que formaria profissionais extraordinários. A Engenharia confere ênfase à lógica, ao raciocínio analítico. Treina a pessoa para focalizar naquilo que é estrutural. Estimula a objetividade, a precisão e conhecimento de matemática."*(200)

Alfred Hitchcock foi um dos prodígios no uso da técnica em favor da cinematografia. Ele, inclusive, na perspectiva do domínio absoluto da sua realização enquanto artista, fazia questão de aprender a técnica mais a fundo do que os próprios técnicos. Isso possivelmente deve ter decorrido formação de base do cineasta em engenharia, como ele mesmo confessa:

> *Pergunta-se a todos os garotinhos o que querem ser quando crescer, mas devo dizer, em meu favor que nunca respondi: 'policeman'. Disse: 'engenheiro'.*

---

(200) MUSSNICH, Francisco. *Cartas a um jovem advogado.* Rio de Janeiro: Elsevier, 2007, p. 24

*(...)*

*"Dessa forma adquiri certos conhecimentos práticos da profissão de engenheiro: a teoria das leis da força e do movimento, a teoria e a prática da eletricidade.*[(201)]

Nesse particular, no cinema, também não se dispensa o domínio da técnica, da estrutura (ção). Marcelo Ikeda, aduz que no cinema "*nenhuma imagem é gerada de forma espontânea, ou seja, é parte de um processo de construção ideológica que envolve necessariamente uma construção, uma fabricação.*"[(202)]

A engenhosidade do cinema é tão evidente que a imagem parada deu lugar à edição de imagens, à junção de sequências, à variedade de ângulos, registros de domínio da imagem. Ou seja, acabou por ser demandado no cinema o domínio técnico. E o domínio da técnica, estrutura, do relevo, da objetividade, é fundamental para construir uma abordagem cinematográfica. E esse domínio deve ser traduzido como algo que se presta a levar o cinema ao seu propósito principal, que é a geração imagética, sempre convergindo à figura do espectador.

Apesar do comprovado domínio técnico, Hitchcock se dizia avesso ao virtuosismo, para ele só interessando se a instalação da câmera neste ou naquele lugar daria à cena a sua força máxima.

Esses aspectos confirmam que o direito e cinema podem enfatizar a técnica e focar naquilo que é estrutural, tal qual a engenharia. Contudo, Hitchcock ensina claramente que a técnica e o instrumental cinematográfico podem e devem ser dominados pelo artista, mas devem ser postos ao inteiro serviço da cena, da geração das sensações.

E isso é uma lição poderosa aos profissionais do direito. Estes podem e devem ser técnicos, mas sem descurar do bem de vida, do cerne meritório das discussões, daquilo que efetivamente interessa busca a título de tutela jurisdicional. A engenhosidade, deve laborar para a obtenção máxima da objetividade, da clareza e simplicidade, do menor rebuscamento, da busca do menor grau possível de indeterminação mesmo quando não se faça possível naquele dado instante o exercício da precisão.

## 12. O tratamento da verossimilhança

Alfred Hitchcock era plenamente cioso dos seus pactos com o espectador. Por esse motivo, em suas entrevistas, notadamente para o cineasta François Truffaut, aquele registrava o seu pouco caso com a verossimilhança das suas obras. Por isso, em muitas oportunidades, Hitchcock, com fina ironia, falava dos "*nossos amigos, os verossímeis*" "*nossos amigos, os lógicos.*" Exageros à parte, Hitchcock, segundo ele próprio, cultivava como uma prática o "*gosto pelo absurdo*".

---

(201) TRUFFAUT, François. *Entrevistas.* São Paulo: Companhia das Letras, 2010, p. 34.
(202) Cf. IKEDA, Marcelo. *Op., cit.*, p. 306

Usando Psicose como exemplo, possivelmente o seu clássico mais lembrado, Hitchcock considera que a verossimilhança deve ser reservada a filmes mais documentais ou mesmo aos próprios documentários:

> *Se eu quisesse fazer da Psicose um filme sério, mostraria um caso clínico, no qual não deveria introduzir mistério nem suspense. Seria a documentação de uma história e, como já dissemos, com tanta verossimilhança e plausibilidade chegaríamos a filmar um documentário.*(203)

Assim, no tocante à verossimilhança, devem ser reforçadas e ressaltadas as semelhanças e diferenças entre o direito e o cinema.

Neste último, o espectador poderia não questionar ou pedir o dinheiro de volta pelo fato de, num dado filme, o ator principal, perseguido pelo vilão, entrar com facilidade num carro no meio da rua e ligá-lo sem maiores dificuldades para empreender uma fuga. A emoção gerada por esse tipo de cena, segundo o mestre do suspense, fica em primeiro plano, gera a credibilidade desta cena para o público. Por esse motivo, para ele, o rigor da verossimilhança acabaria se rendendo naturalmente ao fator emoção.

A despeito das opiniões de Hitchcock sobre a relativização da verossimilhança na arte cinematográfica, não se quer com isso dizer que o cinema não deva assumir compromissos em ser crível. Em algum momento, mesmo diante do clímax de emoção trazido por uma cena final, o público vai cobrar esse tributo dos seus realizadores ou até mesmo dos atores envolvidos na cena.

Ronaldo Costa Fernandes, em seu ensaio intitulado "A cidade no cinema", falou com bastante clareza sobre este ponto crucial:

> *Esta propriedade da ficção cinematográfica, contudo, não está isenta de idealização. É preciso que o ator que encarne o personagem seja crível, que sua atuação proporcione ao espectador uma* impressão *de realidade ou veromilhança (a mesma verossimilhança da literatura). O espectador precisa descarnar o ator. Ou seja, a atuação deve ser de tal modo convincente que ele não fique a cada momento vendo Robert De Niro, mas seu personagem Travis. É Travis que vai criar a impressão de realidade, de fazer com que suspenda a descrença e passe a acreditar nas ações e na trama que envolve o personagem.* (204)

Por sua vez, o direito, pelo menos, a princípio, tem o seu enfoque naquilo que é verossímil, lógico, cartesiano, tanto isso é verdade, que para se conceder uma tutela de urgência, o próprio direito exige da norma processual o requisito da verossimilhança das alegações daquele que pede tal providência.

---

(203) Cf TRUFFAUT, Francois. *Op., cit.*, p. 98.

(204) FERNANDES, Ronaldo Costa. *A cidade na literatura e outros ensaios.* São Luís: Edições AML, 2016, p. 16

Noutro giro, não podemos desprezar que o direito ainda pode estar sujeito a situações em que a emoção pode colocar a verossimilhança sob o seu domínio, a exemplo do que ocorre com o cinema. Veja-se o exemplo da manifestação do direito no Tribunal do Júri, onde as emoções eventualmente podem pautar as decisões de um conselho de sentença, ambiente em que as provas produzidas no processo podem eventualmente ceder diante de um suposto benefício da dúvida.

E a quem dar a razão? Aos nossos amigos verossímeis ou aos nossos estimados inverossímeis (usando da bem humorada expressão de Hitchcock)?

Este artigo se esforça a minimizar o direito da sensação inócua da contemplação e incompreensão pelo seu público alvo. O direito ainda deve à sociedade o ônus de ser compreendido minimamente. Do contrário, de pouco valeria os atos e sessões serem públicos, os autos puderem ser franqueados nos cartórios e as publicações serem acessáveis nos diários de Justiça.

Contudo, o exercício da compreensão ao jurisdicionado não deve ser traduzido como algo espetaculoso e impregnado de emoções em camadas desordenadas. O próprio cinema, por mais comercial que seja, tem na sua fórmula emoções em doses certas, para não se transformar num entretenimento desagradável ou excessivamente agridoce. A emoção no direito, quando existir, deve ser administrada de modo a não prevalecer e obscurecer a verossimilhança das alegações e das provas produzidas de um lado e de outro. Do contrário, a emoção mal conduzida dentro e fora dos autos, pode render francos espaços a odiosos casuísmos.

## 13. A linguagem não verbal

Do ponto de vista artístico, pode-se extrair uma beleza indescritível naquilo que não é dito. Na poesia, por exemplo, o insubstituível Nauro Machado, em *Túnica de Ecos,* ruminou a crueza do esforço poético voltado àquilo que não pode ser dito, sob pena de se estragar a beleza da palavra:

*Bicho do mato, cujas garras falam*

*Vocábulo escrito sem palavras*

*E em cuja boca os cânticos se entalam*

*No cego espinho das noturnas lavras.*[(205)]

No cinema, aquilo que não é dito é também um ativo de fundamental importância. O cinema mudo, segundo figuras de relevo do cinema, representa o estado mais puro e sagrado desta arte, pois obrigava os cineastas a exibir as suas ideias de forma puramente visual.

(205) MACHADO, Nauro. *Túnica de ecos.* São Luís: Lithograf, 1999, p. 39.

Kubrick não escondia o seu sumo interesse pelo núcleo duro do estilo cinematográfico mais voltado às imagens que propriamente aos diálogos e aos verbos. De acordo com o pensamento do cineasta americano, se o cinema se debruçasse mais para a execução das imagens, este seria utilizado a sua máxima capacidade:

> *eu ficaria bem interessado em fazer um filme sem nenhuma palavra, se pudesse achar um meio de fazê-lo. Poderíamos imaginar um filme no qual as imagens e a música seriam utilizadas de maneira poética ou musical, no qual se faria uma série de enunciados visuais implícitos em vez de declarações verbais explícitas.*(206)

No mesmo sentido de Kubrick, Hitchcock não escondia que o verbal é secundário, mais valendo as imagens. Segundo ele, um cinema excessivamente dialogal é radionovela e não cinema.

Dentro das concepções dos consagrados realizadores, no cinema é inteiramente factível não se recorrer a diálogos explicativos para retratar sentimentos como o desejo, o ciúme e a inveja. Inúmeros são os recursos não verbais para exprimir esse universo de estados de espírito: uma repartição de silêncios durante dos diálogos, uma distribuição de olhares.

Inclusive, em muitas situações cinematográficas, existe um desvalor das palavras para a efetividade de uma cena. Deste modo, pode existir no cinema uma grande defasagem entre os diálogos num filme as próprias imagens que os representam, sem que haja sem qualquer prejuízo à cena.

Hitchcock exemplifica com maestria situações em que os diálogos caminham num sentido diametralmente oposto àquilo que realmente vale numa cena, o sentimentos dos personagens:

> *Imaginemos que, convidado para uma recepção, mas me colocando como observador, eu olhe para o senhor Y, que conta a três pessoas as férias que acaba de passar na Escócia com a mulher. Se* observo *atentamente o seu rosto, posso acompanhar seus olhares e percebo que no fundo ele se interessa mais pelas pernas da senhora X. Agora chego perto da senhora X. Ela fala da escolaridade medíocre de seus filhos mas seu olhar frio não para de esquadrinhar a silhueta elegante da jovem senhorita Z.*(207)

Hitchcock e Kubrick quando defendem a não primazia da linguagem falada, da oralidade, no cinema, acabam por convergir com as opiniões de especialistas de que apenas 7% da nossa comunicação se dão pela fala.

---

(206) Cf. CIMENT, Michel. *Op., cit.*, p. 123.

(207) TRUFFAUT, Francois. *Entrevistas.* São Paulo: Companhia das Letras, 2010, p. 28.

Monica Matshnig, na sua obra "Linguagem Corporal", detalha em níveis percentuais, os níveis de comunicações humanas, *verbis*:

> *Você imaginaria que, quando encontramos uma pessoa pela primeira vez, 93% do que comunicamos é por nossa linguagem corporal? 55% da nossa atenção direciona-se à postura, ao gestual e à expressão facial do interlocutor, e outros 38% ao volume ou à melodia da voz. Sendo assim, o conteúdo do que ouvimos, em oposição à maneira como nos é transmitido, nos interessa 7%. Nenhuma surpresa, pois a linguagem corporal do interlocutor nos revela mais sobre a sua personalidade do que mil palavras.*(208)

Muito esporadicamente, emergem circunstâncias, raras, vale repisar, em que juízes se valem da chamada linguagem não verbal para fundamentar os seus entendimentos. Cito um caso noticiado com destaque no site Consultor Jurídico: o magistrado trabalhista Max Carrion Brueckner, anulou um depoimento de uma testemunha após analisar a sua linguagem corporal.

De acordo com o site, o referido magistrado considerou que

> *a testemunha fez gestos incompatíveis com o que dizia e mudou o depoimento depois de questionamentos feitos pelo advogado. O juiz explicou que a impressão do magistrado quanto ao comportamento das testemunhas e a análise da linguagem não verbal dizem respeito ao valor dado à prova oral.*
>
> *Segundo ele, muitas vezes uma testemunha fala alguma coisa, mas sua linguagem corporal diz outra. Esta análise, argumenta, não é "palpite", mas sim técnicas contemporâneas de coleta de prova.*(209)

Apesar da iniciativa do magistrado gaúcho, o direito ainda se vale muito pouco da utilização da linguagem visual ou corporal. A oralidade, desde que seja aquela simplesmente gravada, reproduzida ou reduzida mecanicamente a termo nos autos, ainda é o recurso sobejamente utilizado dentro de um processo judicial, principalmente no campo da prova.

Embora haja muita polêmica em torno desse tipo de conduta probatória praticada pelo sobredito juiz, situações como essas não podem ser desprezadas. Merecem um franco debate.

Conforme visto acima, mais uma vez o cinema traz uma notável contribuição ao direito no tocante ao estudo da linguagem não verbal, sendo esta não exatamente concebida como meio direto de prova, mas como um critério de análise, ponderação ou tratamento acerca de uma prova testemunhal produzida.

---

(208) MATSCHNIG, Monica. *Linguagem corporal*. Trad. Fernanda Romero. Petrópolis: Vozes, 2015, p. 13

(209)http://www.conjur.com.br/2016-fev-09/juiz-analisa-linguagem-corporal-testemunha-anula-depoimento

## 14. A pretensão da infinitude

A ambição do eterno, da perpetuidade, de um domínio congelado no tempo, é típica dos regimes totalitários, despóticos, tanto que nestes observamos concepções como a do Reich (ou Reinado) dos Mil Anos, fermentada durante o regime nazista.

Nesse contexto de celebração da imortalidade, vislumbramos frases célebres como a de Napoleão Bonaparte sobre o seu código de normas:

> *Minha verdadeira glória não foi ter vencido quarenta batalhas; Waterloo apagará a lembrança de tantas vitórias; o que ninguém conseguirá apagar, aquilo que viverá eternamente, é o meu Código Civil.*

A pretensão de uma infinitude no campo político e no campo jurídico é algo que se deve guardar francas reservas, pelo perigo que esta concepção carrega. Seja na perspectiva de um ideário pregado por um líder ou grupo político episódico, seja pela pretensão de construir um arcabouço jurídico que pretenda regular uma sociedade durante centenas de anos.

Toda e qualquer obra humana, seja no campo político, jurídico e até mesmo artístico, deve guardar a perspectiva de finitude, de perecibilidade, até mesmo para se pretenda avançar em outras e novas concepções. Uma mente pretensiosa ao atingimento de um grau de imortalidade, em qualquer campo que seja, deve ser vista com todas as necessárias cautelas e reservas, embora possa trazer em seu cunho considerações humanísticas relevantes.

Marcelo Ikeda, em excelente artigo sobre a finitude da obra de arte discorre que "*a arte é tão putrefata quanto o corpo de seus artistas: a arte é viva, e mais que apenas objeto de deleite, empurra o desejo de outros artistas (e dos admiradores da arte, por que não?) a criarem mais, a desejarem mais, a refletirem mais. Só assim a arte não morre, mas transforma, revive, renasce.*" (210)

Assim, partimos da concepção de que todas as soluções humanas, seja no campo do direito ou da arte, devem ser contextuais, servem num dado momento, podendo durar num interregno maior ou menor, mas deve ser suplantada por outras soluções. Nada mais salutar e humano, embora possa trazer desassossegos, importunações àquelas concepções já acomodadas ao longo dos tempos.

---

(210) Cf. IKEDA, Marcelo. *Op., cit.*, p. 332

# REFERÊNCIAS BIBLIOGRÁFICAS

ARENDT, Hannah. *Origens do Totalitarismo*. São Paulo: Companhia das Letras, 1998.

CARVALHO, Valéria de Sousa; COSTA, Rodrigo Vieira. *O cinema como ferramenta do ensino jurídico*. Texto extraído do VI Encontro de estudos multidisciplinares em cultura – ENECULT realizado entre os dias 25 a 27 de maio de 2010 – Facom – UFBA, Salvador/BA.

CASTELLANO, Soraia. *A experiência do cinema como mecanismo influenciador no estudo filosófico-jurídico*.

CIMENT, Michel. *Conversas com Kubrick*. São Paulo: Cosac Naify, 2013.

CIRLOT, Juan-Eduardo. *Gaudi: introdução à sua arquitetura*. Barcelona: Triangle Postals, 2012.

DRUMMOND, Aristóteles (organizador). *O homem mais lúcido do Brasil: as melhores frases de Roberto Campos*. São Luís: Resistência Cultural Editora, 2013.

FERNANDES, Ronaldo Costa. *A cidade na literatura e outros ensaios*. São Luís: Edições AML, 2016.

GIANETTI, Eduardo. *O livro das citações: um breviário de ideias replicantes*. 2.ed., São Paulo: Companhia das Letras, 2008.

IKEDA, Marcelo. *Cinecasulofilia*. 1.ed., Substância: Fortaleza, 2014.

LACERDA, Gabriel. *O direito no cinema:* relato de uma experiência didática no campo do direito. 1.ed., Rio de Janeiro: FGV, 2007.

LEBERSZTAYN, Ieda; SALLA, Thiago Mio. *Conversas:* Graciliano Ramos. 1.ed., Rio de Janeiro: Record, 2014.

MACHADO, Nauro. *Túnica de ecos*. São Luís: Lithograf, 1999.

MARQUES NETO, Agostinho Ramalho. *E agora, Alex, há Lex?"*

MATOS, Miguel (coord.). *Migalhas de Joaquim Nabuco*. Vol I, 1.ed, São Paulo: Migalhas, 2015.

MATSCHNIG, Monica. *Linguagem corporal*. Trad. Fernanda Romero. Petrópolis: Vozes, 2015, p. 13

MELVILLE, Herman. *Moby Dick*. São Paulo: Cosac Naify, 2008.

MURAKAMI, Haruki. *Do que eu falo quando eu falo de corrida*. Rio de Janeiro: Alfaguara, 2007.

MUSSNICH, Francisco. *Cartas a um jovem advogado*. Rio de Janeiro: Elsevier, 2007.

QUEIROZ, Eça de. *Os Maias*. Estarreja: Moderna Editorial Lavores, 2008.

RENNER, Rolf G., *Hopper. Colônia*: Taschen, 2003.

SCHICKEL, Richard. *Conversas com Scorsese.* São Paulo: Cosac Naify, 2011.

SÊNECA, Lúcio Anneo. *Sobre a brevidade da vida.* Porto Alegre: L&PM, 2009.

SILVEIRA, José Lúcio Alves (organizador). *Ensaios sobre a economia maranhense.* 1.ed. São Luís: EDUFMA, 2014.

TRUFFAUT, François. *Entrevistas.* São Paulo: Companhia das Letras, 2010.

<https://pt.wikipedia.org/wiki/Montagem>

Cooperação – Empresa: Uma Interação Eficaz na Busca de Novas Tecnologias -<http://www.nintec.ufla.br/inbatec/programa-de-incubacao/sobre-as-incubadoras-de-empresas/>

<http://www.spescoladeteatro.org.br/noticias/ver.php?id=512>

<http://www.conjur.com.br/2016-fev-09/juiz-analisa-linguagem-corporal-testemunha-anula-depoimento>